W0206935

Arbeitslehre 1
Hessen

herausgegeben von
Dietmar Krafft
Heinrich Meyer

erarbeitet von
Renate Harter-Meyer
Heinrich Meyer

in Zusammenarbeit mit
der Verlagsredaktion

Cornelsen

Die folgenden Seiten wurden erarbeitet von:

Gerhard Boldt: S. 34–38
Jenny Lenk: unter Mitarbeit von Susanne Patzelt: S. 64–70
Wolfgang Pospischil: S. 55, S. 57–58 unter Mitarbeit von Susanne Patzelt: S. 59–63
Thomas Schneider: S. 50–54

Die in diesem Buch angegebenen Internet-Adressen und -Dateien wurden vor Drucklegung geprüft (Stand: Januar 2011).
Der Verlag übernimmt keine Gewähr für die Aktualität und den Inhalt dieser Adressen und Dateien und solcher, die mit ihnen verlinkt sind.

Redaktion: Jürgen Grabowski
Bildassistenz: Elke Schirok
Layout: hawemannundmosch, Berlin
Technische Umsetzung: CMS – Cross Media Solutions GmbH, Würzburg
Collagen, Grafik, Illustrationen: Anette Schamuhn, Berlin
Infografiken: Christoph Berten, Berlin
Fotos: Peter Wirtz, Dormagen
Karikaturen: Detlev Schüler, Berlin
Umschlaggestaltung: Klein & Halm Grafikdesign, Berlin
Titelfoto: Dirk Schamuhn, Berlin

www.cornelsen.de

1. Auflage, 1. Druck 2011

Alle Drucke dieser Auflage können im Unterricht nebeneinander verwendet werden.

Druck: CS-Druck CornelsenStürtz, Berlin

ISBN 978-3-06-064188-8

Inhalt gedruckt auf säurefreiem Papier aus nachhaltiger Forstwirtschaft.

Inhalt

Lernfeld: Organisation der Arbeit, Berufswegplanung und Erhalt der psychischen und physischen Gesundheit

Lernfeld: Technische Systeme und Prozesse

Lernfeld: Zukunft der Arbeit

Lernfeld: Ökonomisch geprägte Situationen und Strukturen des Zusammenlebens

Arbeitsplätze

1 Gute Arbeit leisten und genug verdienen

Früher gingen sie auf unsere Schule. Heute stehen sie mitten im Beruf. Das macht neugierig. Also besuchen wir unsere „Ehemaligen" am Arbeitsplatz und lassen sie ein wenig plaudern.

MANUEL, 24 J.: „Den Hauptschulabschluss erhielt ich im Berufsorientierungsjahr und lernte dann Maler und Lackierer. Vielseitige, anstrengende Arbeit, die mir liegt und gut bezahlt wird – als Geselle hatte ich 16 € brutto in der Stunde. Dann wurde ich arbeitslos – eine schwierige Zeit. Jetzt bin ich Wachmann. Das bringt gut die Hälfte und längere Arbeitszeiten – monatlich 800 € Netto."

▸ **Leitauftrag** Sprecht über die Interviews. Berücksichtigt den Zusammenhang von Schulabschluss und Beruf, Beruf und Beschäftigung, Arbeitsstelle und Verdienst bzw. Arbeitszufriedenheit.

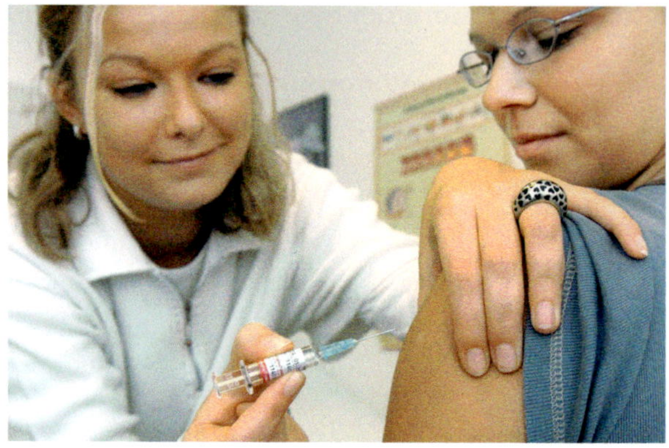

MAREIKE, 24 J.: „Ich schaffte den qualifizierten Abschluss und lernte meinen Traumberuf: Medizinische Fachangestellte. Ich habe dann in zwei Praxen gearbeitet, zuerst Teilzeit und jetzt Vollzeit. Kriege 950 € netto im Monat. Ein prima Team. Die Chefin ist voll nett, die Arbeit anspruchsvoll, manchmal nervig, besonders wenn Patienten warten müssen."

SABRINA, 25 J.: „Ich schaffte auf der Berufsfachschule Technik den mittleren Abschluss und wurde Kfz-Elektronikerin. War ziemlich hart. Gut, dass ich mich in der Schule in Mathe reingehängt habe. Dauernd neue Technik. Das ist interessant und erfordert Weiterbildung. 1200 € netto nach der Ausbildung sind drin."

B Auf einen Blick

Ihr erkundet Arbeitsanforderungen und ermittelt, wovon Arbeitszufriedenheit abhängt.

Ihr begründet die Bedeutung eines guten Schulabschlusses für die Berufsausbildung.

Ihr begründet Arbeitsplatz- und Berufswechsel.

Ihr leitet Gründe für die Verdiensthöhe ab.

2 Lena lernt Backwaren zu verkaufen und herzustellen

In der Verkaufsstelle arbeiten eine Fachkraft und in verkaufsstarken Zeiten bis zu drei Aushilfen – und derzeit Lena. Sie lernt im 3. Ausbildungsjahr „Fachverkäuferin im Lebensmittelhandwerk, Schwerpunkt Bäckerei“. Hier hat Lena schon ihr Schulpraktikum gemacht und später einen Ausbildungsplatz erhalten. Die Filiale gehört zu einer modernen Bäckerei, die Wert auf gute Beratung und beste Qualität legt. Weitere 10 Filialen befinden sich in Einkaufszentren, Supermärkten und Stadtteilen.

Zu Lenas Ausbildung gehört besonders das Gespräch mit Kunden beim Verkauf. Es gibt viele Brot- und Brötchensorten sowie Gebäckarten, die zu erklären sind. Weiterhin geht es um die Präsentation der Waren, die Gestaltung von Werbemitteln, das Herstellen von Snacks und Heißgetränken. Geräte sind zu bedienen, z.B. ein Ladenbackofen, in dem aus Teiglingen Brötchen nach Bedarf ausgebacken werden. Lena kann schon die Rezepte der Brotsorten, Bio-Produkte und Angebote für Diabetiker erklären. Sie kommt gut mit Kunden und Kolleginnen zurecht. Oft muss sie früh aufstehen – das Geschäft öffnet um 6:00 Uhr. Nicht immer ist der Samstag frei. Anfangs fand sie das Stehen und den Andrang in der Stoßzeit belastend.

Ein bis zwei Tage pro Woche ist Unterricht in der Berufsschule. Dort lernt sie z.B. Fragen der Warenkunde, der Hygiene, des Einkaufs und des Umweltschutzes zu bearbeiten.

A

Aufgaben

1 Notiert und erklärt Tätigkeiten, die in der Filiale erledigt werden. Welche Bedeutung hat das Verkaufsgespräch mit Kunden?

2 Sprecht über die Arbeitsbedingungen. Erkundet den Verdienst nach der Ausbildung „Verkäufer/-in Bäckerhandwerk“ bei www.boeckler.de ▸ WSI-Tarifarchiv ▸ Wer verdient was? ▸ Berufe A–Z

3 Befragt eine Fachkraft in einer Verkaufsfiliale zu ihrem Arbeitsplatz. Nutzt die Hinweise zur Arbeitsplatzerkundung, S.12.

4 Besorgt euch mehr Informationen zum Beruf im Internet unter:
www.bibb.de ▸ Berufe ▸ Fachverkäufer …
www.berufenet.de

3 Yildis jobbt im Döner-Imbiss

„Ich bin Yildis, 16 Jahre alt. Ich gehe zur Berufsfachschule und möchte den mittleren Schulabschluss machen. Mit meinem Hauptschulabschluss habe ich keine Ausbildungsstelle bekommen. Ich wollte Restaurantfachfrau werden.
Hier arbeite ich zweimal nachmittags und einmal am Wochenende. Der Imbiss gehört meinem Onkel.

Ich bin für alles da, was anfällt – nur nicht am Dönerspieß arbeiten und kassieren, da dürfen nur die Männer ran, mein Onkel und sein Sohn Mehmet.
Ich bediene die Gäste: Bestellungen aufnehmen, Pommes machen, Essen einpacken oder auf Teller füllen, Vorräte in der Theke nachfüllen, sauber machen. Hygiene ist ganz wichtig! Wenn viel los ist, arbeitet noch eine weitere Aushilfe.
Wenn der Chef etwas anordnet, muss ich springen. Yildis, tu dies, tu das. Ich bin immer in Bewegung. Die Männer sitzen auch mal und reden.
Aber sonst ist es ganz cool. Da essen oft junge Leute – lustige Typen – ihren Döner. Mit einigen spreche ich etwas türkisch.

Der Verdienst ist nicht so gut: 4 € pro Stunde. Mein Onkel sagt, er kann nicht mehr zahlen, wegen der hohen Miete und weil der Betrieb derzeit nicht so gut läuft – obwohl alles Spitze schmeckt. Aber ich brauche den Job, da ich zu Hause kein Taschengeld bekomme. Und schicke Klamotten will ich auch.
Nach der Arbeit muss ich zu Hause erst duschen und mich umziehen. Ich rieche nach Fett und Fleisch. Mein Freund sagt sonst, bei deinem Duft kriege ich Appetit auf Döner.

Ob ich nach dem Schulabschluss noch Restaurantfachfrau werden will, weiß ich nicht. Ich habe mal über die Arbeitsbedingungen nachgedacht – oft abends und am Wochenende. Wenn ich einen guten Abschluss schaffe, ist vielleicht Reiseverkehrskauffrau drin.“

A Aufgaben

1 Warum geht Yildis arbeiten?

2 Sprecht über die Arbeitsbedingungen von Yildis. Wie verhält sich der Chef ihr gegenüber?

3 Warum könnte Yildis nach der Hauptschule keine Ausbildungsstelle bekommen haben? Weshalb veränderte sich ihr Berufswunsch?

4 Sabine H. fährt auch den Schulbus

Aus dem Arbeitsalltag von Sabine:

„Um 5 Uhr übernahm ich den Bus im Depot. Früh aufstehen bin ich gewohnt. Auf den Straßen war es noch ruhig. Linienverkehr – durch Wohngebiete zur S-Bahn. Viele Gäste kenne ich vom Sehen. Ein knapper Gruß, manche sind noch schläfrig. Der Verkehr wird dichter, der Bus voller. Mit Mühe lässt sich der Fahrplan einhalten. Das ist aber wichtig, weil mein Bus um 7 Uhr zum Schulbus wird. Ich muss pünktlich am Startpunkt sein. Es wird sehr lebendig und laut – von Haltestelle zu Haltestelle voller. Viele Schüler glauben, Stammplätze zu haben, fordern diese lautstark ein. Es wird eng. Ich muss ermahnen. Nicht immer schaffe ich es, freundlich zu bleiben.

Da ist noch der Berufsverkehr, der mich fordert. Verantwortung für 80 Kinder – schon stärkeres Bremsen ist im vollen Bus ein Unfallrisiko. 7:50 Uhr, heute bin ich pünktlich. Neulich gab es wegen der Verspätung Stress. Sieben Schüler schrieben eine Klassenarbeit.

Eine kleine Pause tut jetzt gut.

Letzte Woche war Spätschicht. Meine erste Tour begann um 13:30 Uhr am Schulzentrum. Ich bin etwas früher an der Haltestelle. Besinne mich noch mal. Doch schon bollert eine Horde Sechstklässler an der Tür. Die Schüler rennen durch den Wagen, werfen sich auf die letzte Bank. Einer gerät im Gang in den Schwitzkasten eines anderen. Binnen einer Minute ist der Bus voll und laut.

Mittags ist es oft der Horror. Viele Schüler kommen gestresst vom Stillsitzen. Und ich muss damit umgehen. Ich darf Verhaltensregeln anmahnen. Wenn es zu bunt wird, notiere ich die Namen und lasse sie der Schule melden. Das bringt nicht immer was. Nur die Älteren darf ich von der Beförderung ausschließen.

Oft ersehne ich das Schichtende. Soll ich das bei dieser Bezahlung bis zur Rente machen?"

A **Aufgaben**

1 Notiert Anforderungen an Busfahrer. Sprecht darüber, was Sabine H. belastet.
Vergleicht mit eigenen Erlebnissen im (Schul-)Bus. Interviewt „Fahrschüler" und Busfahrer.

2 Durch welche Maßnahmen könnten die Belastungen für Sabine H. geringer werden?

3 Ermittelt den Verdienst eines Busfahrers: „Kraftfahrer/-in Verkehrsgewerbe" (siehe S.7, Aufgabe 2).

5 Judith K. arbeitet (noch?) an der Kasse

Freitagnachmittag, alle Kassen sind besetzt. Großer Andrang, freundliche Begrüßung der Kunden durch Judith K. mit Blickkontakt, Waren über den Scanner ziehen, kassieren, Kunden verabschieden ... Arm und Schulter schmerzen wieder wegen der einseitigen Belastung – und dabei soll der Arbeitsplatz mitarbeitergerecht gestaltet sein. Zum Schichtende raucht ihr der Kopf. Aber: Sie braucht die Arbeit, weil sie nicht mehr als Friseurin arbeiten konnte. Sie hat eine Pflegemittelallergie. Sie bemüht sich, etwas anderes zu finden.

Die Computerkassen halten neben dem Preis fest, wann und wie viel gekauft wurde. Damit werden die Lagerhaltung und die Bestellung neuer Ware gesteuert. Jetzt will die Supermarktkette auch Selbstbedienungskassen einführen. Werden die Kunden diese annehmen? Ihr Arbeitsplatz ist in Gefahr!

A Aufgaben

1 Beschreibt die Arbeit an einer Supermarktkasse. Interviewt eine Kassiererin zu Belastungen bei der Arbeit. Nutzt die Hinweise zur Arbeitsplatzerkundung, S.12.

2 Vergleicht aus Sicht von
- Kunden,
- Arbeitnehmern und
- Unternehmen

herkömmliches Kassieren mit Bezahlen an der Selbstbedienungskasse (siehe auch **M1–M5**, S.11).

6 Weiterführendes Material

M1 Einkaufen ohne Kassiererin

M2 Selbstbedienungskassen – Real und Extra setzen auf Innovation

An 53 Standorten gibt es auch Selbstbedienungskassen. Diese verkürzen die Wartezeiten und ermöglichen rasches Bezahlen. Jede zweite Filiale ist bereits mit „intelligenten" Waagen ausgestattet, die Obst- und Gemüsesorten erkennen und die Preisauszeichnung erleichtern.

Nach: www.metrogroup.de/servlet/PB/menu/1113750_l1/index.html

www.metrogroup.de ▶ Suchen: Selbstbedienungskassen

M3 Sind SB-Kassen die Zukunft?

... Eine freundliche Computerstimme gibt Anweisungen ... „Besser als an der Kasse anstehen ...", sagt die Mutter von zwei Kindern, bezahlt und nimmt die Tüten.

Hanna-Lotte Mikuteit, Hamburger Abendblatt v. 1.4.04
www.abendblatt.de/daten/2004/04/01/279665.html

M4 Kunden scannen gerne selbst

Verbraucher in Deutschland nutzen gerne und oft Selbstbedienungskassen, belegt eine Studie von NCR (Unternehmen, das solche Kassen anbietet). Befragt wurden 889 Kunden.

Nach: Lebensmittelzeitung
www.lebensmittelzeitung.net
Suchen: ▶ Selbstbedienungskassen

M5 Ergebnisse einer Erkundung

in einem Markt mit Selbstbedienungskassen. Jüngere nehmen die Technik eher an; besonders Ältere reagieren unsicher.
Auf Nachfrage wird geäußert:
Kassiererinnen sollten nicht den Arbeitsplatz verlieren und es müsste Rabatt geben an Selbstbedienungskassen.

Methode Arbeitsplatzerkundung

1 Darum geht es

Ihr könnt in Betrieben Einblick in die Arbeit an Arbeitsplätzen erhalten. Dabei lernt ihr Anforderungen an Berufe kennen und erfahrt Arbeits- und Umweltbedingungen.

2 So läuft es ab

Vorbereitung
- Ziele festlegen und klären, warum ihr ausgewählte Arbeitsplätze erkunden möchtet. Nutzt den Text „Das soll erkundet werden".
- Informationen zur Vorbereitung beschaffen und auswerten
- Betrieb auswählen (Branchenverzeichnis, Internet, Gespräche mit Eltern)
- Kontakt durch Lehrer herstellen; Zeit und Ablauf vereinbaren
- Schwerpunkte festlegen, Aufgaben verteilen
- über angemessenes Verhalten im Betrieb sprechen
- Art der Beschaffung von Informationen in der Gruppe festlegen (siehe Befragung S.109)
- Teilaufgaben vorbereiten, ggf. Technik organisieren (z.B. Camcorder, …)
- Vorüberlegungen zur Auswertung treffen (siehe Methoden Gruppenarbeit, Projekt)

Das soll erkundet werden

Arbeitsaufgabe
Tätigkeit, Arbeits- und Betriebsmittel, Arbeitsschritte und -organisation

Anforderungen
Körperlich:
sitzend und/oder stehend, Arbeitstempo, (einseitig) belastete Körperteile, Handgeschick

Geistig:
Art der Tätigkeiten, schnelle Reaktionen, selbstständige Planung, Durchführung und Auswertung, Genauigkeit, sprachlicher bzw. schriftlicher Ausdruck, räumliches Denken, Sinn für Formen, Vorbildung

Sozial:
Einzel- oder Gruppenarbeit, Gespräche mit Kunden bzw. Lieferanten, Verantwortung für Mitarbeiter

Umweltbedingungen am Arbeitsplatz
Lärm, Kälte, Hitze, Dämpfe, Feuchtigkeit, Schmutz, Arbeit im Freien oder in Räumen, Beleuchtung, Arbeits- und Schutzkleidung, Zeitdruck, Schichtarbeit, feste oder flexible Arbeitszeit

Durchführung
- Erkundungsaufgaben erledigen, Ergebnisse aufschreiben, ggf. in Bild und Ton festhalten
- auch ungeplante Eindrücke notieren

Auswertung
- Teilergebnisse in der Gruppe ordnen, für eine Präsentation aufbereiten; Zusammenarbeit auswerten
- Präsentation durchführen, Ergebnisse bewerten
- das gesamte Vorhaben durchdenken (Überlegungen zur Vorbereitung nutzen, s.o.)

Arbeit im privaten Haushalt

1 Haushalte sind verschieden

Nils und Fanny leben zusammen. Sie sind voll erwerbstätig. Die Einkäufe erledigt Nils. Monatlich machen sie einen Großeinkauf mit dem Auto. Für die Wäsche ist Fanny zuständig, für das Reinigen der Wohnung Nils. So bleibt noch Zeit für Hobbys.

Schmittes leben mit Nora (12) und Jim (10) am Stadtrand. Herr Schmitte arbeitet auswärts und ist nur am Wochenende daheim. Frau Schmitte arbeitet bis 17:00 Uhr. Die Kinder machen nachmittags Hausaufgaben und treffen Freunde. Gemeinsam essen ist abends wichtig.

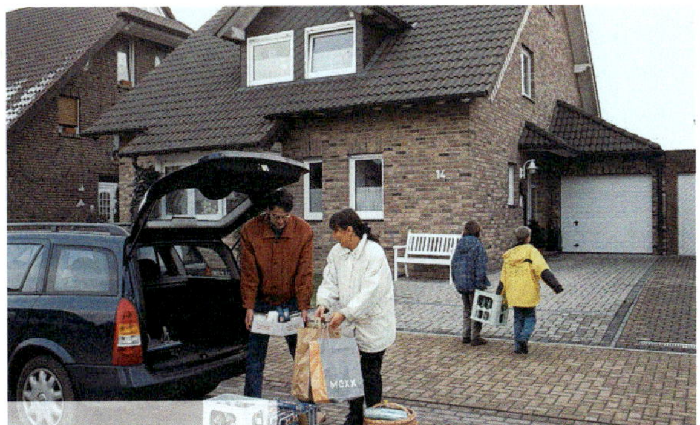

▸ **Leitauftrag** Sprecht über die Unterschiede des Zusammenlebens.

Frau Rieser lebt allein in ihrer Wohnung. Seit einem Jahr kommt täglich ein Pflegedienst. Das Mittagessen bringt ein Lieferservice. Nachbarn erledigen Einkäufe. Frau Rieser ist zufrieden, noch zu Hause leben zu können. Ihre Kinder wohnen entfernt in der Großstadt.

Frau Schneider lebt mit ihren zwei Kindern allein. Sie ist arbeitslos. Nach der Schule essen alle gemeinsam. Sie hat viel Zeit für Hausarbeit und Kinderbetreuung. Sie hofft, bald wieder Geld zu verdienen. Während die Kinder in der Schule sind, bildet sie sich beruflich fort.

B Auf einen Blick

Ihr beschreibt, wie Menschen zusammenleben.

Ihr erklärt, wie die Haus- und Familienarbeit organisiert wird.

Ihr problematisiert Gründe für Einkommensunterschiede zwischen Frauen und Männern.

Ihr nennt Unfallursachen im Haushalt.

Ihr versteht Wünsche von Frauen und Männern für ihre Lebensplanung.

Ihr führt ein Rollenspiel zur Aufgabenverteilung im Haushalt durch.

2 Wofür die Arbeitskraft verwendet wird

Unbezahlte Arbeit im eigenen Haushalt

Dafür bringen die Haushalte viel Arbeitszeit ein. Wichtig ist es, diese Arbeiten so zu organisieren, dass alle Haushaltsmitglieder einbezogen werden.

Arbeiten im Haushalt können vereinfacht bzw. zeitsparender geplant werden durch eine

- Arbeitsgestaltung (Tages-/Wochenplan).
- Einkaufsliste vor dem Einkaufen.
- Verwendung von Geräten und vorgefertigten Lebensmitteln.

Tagesarbeitsplan

Anfallende Arbeiten (Reihenfolge)	Zeit	Aufteilung auf die Haushaltsmitglieder

Wer macht was? – Eine Umfrage

Christian (14 Jahre):
„Ich muss im Haushalt helfen: spülen, Zimmer aufräumen, Müll ... Das ärgert mich manchmal. Aber ich finde es eigentlich o.k. Nervig ist das Gemecker, wenn ich meine Musik dabei mal lauter stelle. Im Augenblick macht mein Vater das meiste. Er sagt, wo er jetzt arbeitslos sei, habe er Zeit."

Sarah (15 Jahre):
„Meine Mutter will, dass ich mithelfe und mein Zimmer in Ordnung halte. Wir haben deshalb oft Streit. Ich sehe das nämlich nicht ein, weil ich zur Schule gehe und Hausaufgaben mache. Sie hat den ganzen Tag Zeit für das bisschen Kochen und Saubermachen. Mein Vater meint, ich hätte zu tun, was man mir sagt, solange ich bei ihnen wohne. Aber er hilft auch nicht. Er sagt, er ginge arbeiten."

Pascal (14 Jahre):
„Ich habe noch 2 Schwestern, eine ist älter, eine jünger als ich. Wir helfen alle mit, auch mein Vater. Der sagt, das müsse so sein, weil meine Mutter und er Geld verdienen würden."

Zeiteinteilung für Familie und Beruf

Das Statistische Bundesamt untersuchte bei 5400 Haushalten mit 12 000 Personen das Zusammenleben in Haushaltstypen. Schwerpunkt war die Verwendung der Zeit.

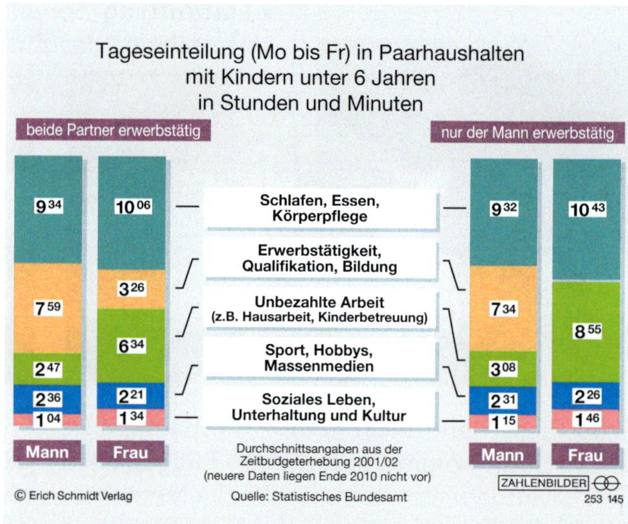

A Aufgaben

1 Für die effektive Arbeitsgestaltung ist eine sinnvolle Reihenfolge der Haushaltsarbeit zeitsparend. Erstellt einen Tagesarbeitsplan für: Frühstück zubereiten, das eigene Zimmer putzen, Bad reinigen, Wäsche waschen, Einkauf von Lebensmitteln.

2 Ermittle aus dem Schaubild den Anteil der Zeit für unbezahlte Arbeit. Begründe Unterschiede.

3 Wie ist in den Haushalten die Arbeit verteilt? Wo liegen aus deiner Sicht Probleme?

4 Erstellt für eine Woche ein Protokoll zur Arbeitsteilung im eigenen Haushalt und wertet die Ergebnisse aus.

3 Arbeit – Erwerbsarbeit – Hausarbeit

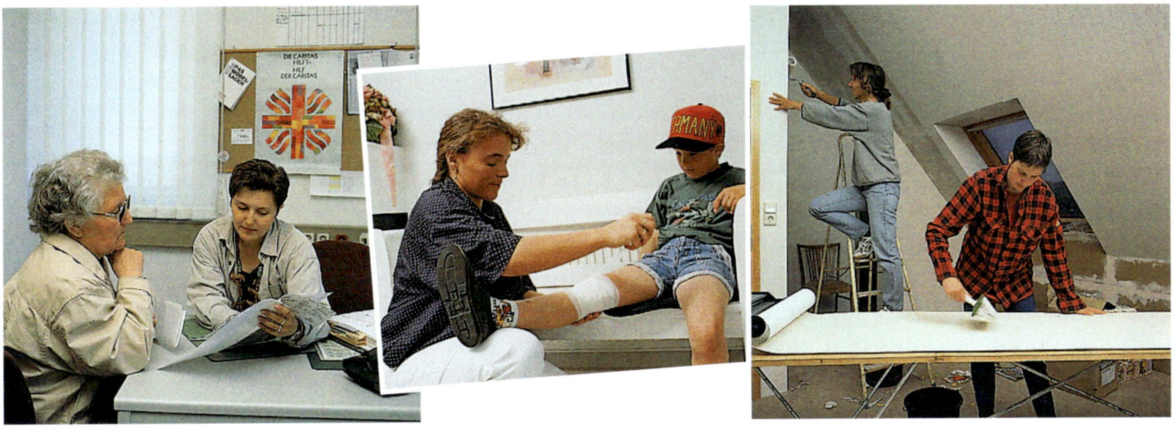

Arbeit umfasst Erwerbsarbeit, Haus- und Familienarbeit und ehrenamtliche Arbeit. Arbeit sichert die Existenz des Einzelnen und der Gesellschaft. Bei der Arbeit können wir unsere Kräfte entfalten, mit anderen Kontakt haben und unserem Leben Sinn geben. Arbeit kann uns aber auch belasten.
Für Erwerbsarbeit gibt es Entgelt. Arbeit, Haus- und Familienarbeit sowie ehrenamtliche Arbeit sind unentgeltlich. Erwerbsarbeit ist verbunden mit einer eigenständigen sozialen Sicherung bei Krankheit, Unfall und im Alter.
Wer nur Hausarbeit und ehrenamtliche Arbeit leistet, ist über die Ehepartner abgesichert.

Rudi: „Ich verdiene gut. Meine Frau muss nicht arbeiten und kann sich in aller Ruhe um unsere vier Kinder und meine Mutter kümmern.“

Ulrich: „Seit die Kinder aus dem Haus sind, arbeitet Sylvia 20 Stunden die Woche im Büro eines Rechtsanwalts. Das Geld können wir gut gebrauchen. Viermal die Woche hilft sie nachmittags für je vier Stunden in einer Wohnstätte für Behinderte.
Ja, sie hat es gut! So ein Halbtagsjob und das bisschen Hausarbeit sind angenehm. Ich muss den ganzen Tag arbeiten.“

Elke: „Ein Haushalt mit mehreren Kindern fordert von mir Energie und viele Fähigkeiten. Und das ohne eigenes Einkommen und eigene soziale Sicherung. Ich hänge völlig von meinem Mann ab und darf gar nicht daran denken, wie ich bei einer Trennung dastehen würde.“

Meike: „Auf Erwerbsarbeit würde ich nie verzichten. Da singen die Politiker das Hohe Lied vom Wert der Haus- und Familienarbeit – verweigern jedoch den Hausfrauen und -männern eine eigene soziale Sicherung.
Nein danke, ich liebe meinen Mann und die Kinder, aber Erwerbsarbeit ist mir wichtig. Ich schätze den Kontakt mit Kolleginnen und Kollegen und meine finanzielle Unabhängigkeit.“

A **Aufgaben**

1 Schaut euch die Fotos an. Welche Art von Arbeit leisten die Frauen?
Handelt es sich um Haus- oder Erwerbsarbeit?

2 Beurteilt die Meinungen der vier Personen.

4 Frauen und zunehmend Männer wollen beides: Erwerbsarbeit und Familie

Was sich Frauen heute wünschen

Aus Untersuchungen wird deutlich, dass die überwiegende Zahl der Frauen beides will: Erwerbsarbeit und Familienarbeit. Die Mädchen wünschen, dass ihr Partner sich ebenso wie sie an der Familienarbeit beteiligt. Trotz dieses Wunsches müssen sie jedoch immer noch damit rechnen, dass Männer Familienarbeit „nebenbei" leisten wollen – die Erwerbsarbeit hat Vorrang. Männer wollen oft Familienarbeit oder Teilzeitarbeit nicht in ihr Leben einplanen. Sie befürchten Nachteile für ihre Karriere.
Eine gleichberechtigte Beteiligung von Frau und Mann an der Familienarbeit erfordert die Abkehr vom Leitbild eines Lebenslaufs, wie er bei den meisten Männern üblich war. Dieser ist gekennzeichnet durch eine Phase der Kindheit, Schul- und Berufsausbildung/Studium, 30–40 Jahre Vollerwerbsarbeit und Alter ohne Erwerbsarbeit. Unternehmen planen bei der Einstellung eines Mannes noch meistens ein, dass er jederzeit mehr arbeiten kann und keine Verpflichtungen zu Hause hat, z.B. bei der Pflege alter Angehöriger, Behinderter oder Kranker sowie bei der Erziehung der Kinder.

Artikel 3 Abs. 3 Grundgesetz
Männer und Frauen sind gleichberechtigt.
Der Staat fördert die tatsächliche Durchsetzung der Gleichberechtigung von Frauen und Männern und wirkt auf die Beseitigung bestehender Nachteile hin.

Änderung des Grundgesetzes
durch das 2. Gleichberechtigungsgesetz von 1994

A Aufgaben

1 Sprecht über eure Wünsche zur Erwerbs- und Familienarbeit.

2 Sprecht über Maßnahmen zur Gleichstellung von Frauen bei der Erwerbsarbeit.

3 Löst den Konflikt um die Kinderbetreuung im Rollenspiel.

1000 Jahre Patriarchat – ohne Frauenförderung geht es (vorerst) nicht, z.B.

- bessere Berücksichtigung von Zeiten für die Kinderbetreuung in betrieblichen Frauenförderplänen
- verstärkte Einrichtung von Kinderhorten, Ganztagskindergärten und Ganztagsschulen
- gleichwertige Berücksichtigung von Erwerbsarbeit und Kinderbetreuung bei der sozialen Sicherung
- anpassung der Arbeitszeit an die Erfordernisse der Kinderbetreuung, z.B. Gleitzeit
- verstärkte Förderung von Frauen und Männern, die nach einer Phase der Kinderbetreuung Erwerbsarbeit leisten wollen, z.B. durch berufliche Weiterbildung

Fallbeispiel: Konflikt um die Kinderbetreuung

Björn und Regine vereinbarten vor der Geburt ihres Kindes, dass beide sich um die Familienarbeit kümmern und die Erwerbsarbeit auf je 20–25 Stunden verringern würden.

Nach der Geburt reicht Regine in ihrem Unternehmen einen Antrag auf Teilzeit ein, der bewilligt wird. Sie erwartet von Björn, dass er ebenfalls einen Antrag stellt. Björn stellt fest: „Ich weiß zwar, dass ich sagte, dass ich auf Teilzeitarbeit gehe, doch es geht nicht. Die haben mir gesagt, dass ich verringern kann, wenn ich das will. Aber sie ließen durchblicken, dass ich nicht mehr zu besonderen Fortbildungen geschickt würde und nicht Leiter der Arbeitsgruppe werden könne. Das kannst du nicht von mir verlangen. Irgendwie denke ich auch, dass Kinderbetreuung eher Frauensache ist."

Regine ist entsetzt: „Ich bestehe auf Gleichberechtigung – bei Erwerbsarbeit und Familienarbeit. Ich erwarte von dir, dass du ab sofort Teilzeitarbeit machst – wie vereinbart. Ich will ebenso Karriere machen, und ich will gleichzeitig, dass unser Kind gut betreut wird."

5 Unfallschutz im Haushalt

Die Aktion „Das Sichere Haus“ (DSH) gibt im Internet Tipps, wie Unfälle verhindert werden können, und macht auf Gefährdungen aufmerksam:

- Alltägliche Stolperstellen
- Sicherheitscheck für den Weihnachtsbaum
- Sicher umgehen mit Strom
- Tipps für den Hausputz
- Giftpflanzen
- Rasen mähen, Hecke scheren – aber sicher

www.das-sichere-haus.de ▸ Broschüren

Beispiel: Sicher grillen

„Die richtige Technik – Grillgeräte

Sicheres Grillen beginnt mit dem Grillgerät. Kaufen Sie nur Grills, die sicherheitstechnisch nach DIN geprüft sind, zu erkennen am GS-Zeichen oder DIN-CERTCO-Zeichen … Diese Grillgeräte stehen kippsicher, sind frei von scharfen Kanten und spitzen Ecken. Auch wird der Griff des Grillspießes nicht zu heiß. Gas- oder Elektrogrillgeräte bieten einige Vorteile: Das Anheizen und Bedienen ist einfacher und weniger gefährlich als beim Holzkohlegrill. Die Geräte sind sofort grillbereit, feste Reststoffe wie Asche fallen nicht an. Zudem liegt die Hitzequelle oben oder seitlich vom Grillgut, sodass, anders als bei einem Holzkohlegrill, das Fett nicht in die Glut tropft und kein gesundheitsschädlicher Rauch entsteht …

Der richtige Grillplatz

Stellen Sie Ihr Grillgerät standsicher auf einen ebenen, nicht entflammbaren Untergrund … Der Grillplatz sollte windgeschützt sein, damit keine Asche herumfliegt. Brennbare Gegenstände gehören nicht in Grillnähe. Stellen Sie einen Eimer Wasser neben den Grill, um Stichflammen oder verwehte glühende Holzkohle sofort löschen zu können.“

Brennspiritus oder Benzin nicht verwenden.

Das Sichere Haus (DSH): Feuer und Flamme für sicheres Grillen. Hamburg 2003 (Auszug)
www.das-sichere-haus.de ▸ Broschüren ▸ Freizeit

M1 Tödliche häusliche Unfälle 2008

Ursache der Verletzung	Insgesamt*	Davon 65 Jahre und älter
Vergiftung	99	30
Sturz	5476	4905
Feuer	293	151
Ertrinken	95	45
Ersticken	340	255
Gesamt	**6865**	**5864**

*zum Vergleich: 4463 tödliche Verkehrsunfälle

TÜV GS geprüfte Sicherheit

DIN Geprüft
DIN 66358-S
5Z001

A Aufgaben

1. Stellt wichtige Ursachen für tödliche Unfälle fest. Warum sind ältere Menschen besonders betroffen?
2. Befragt Eltern und Nachbarn zu erlebten Unfällen im Haushalt.
3. Stellt zusammen, worauf ihr beim Grillen achten müsst.
4. Wie könnt ihr Unfälle vermeiden?

6 Weiterführendes Material

M1 Ausbau der Kindertagesbetreuung für unter 3-Jährige

Der Ausbau der Kindertagesbetreuung soll weiter beschleunigt werden – darin sind sich Bund, Länder und Kommunen einig. Das Kinderförderungsgesetz (KiföG), das 2008 vom Bundestag beschlossen wurde, ist ein wichtiger Schritt. Es setzt Meilensteine für eine stärkere Vereinbarkeit von Familie und Beruf, für mehr Bildung für alle Kinder und für bessere Zukunftsperspektiven in Deutschland. Bis zum Jahr 2013 wird es bundesweit im Durchschnitt für jedes dritte Kind unter drei Jahren einen Betreuungsplatz geben – rund ein Drittel der neuen Plätze werden in der Kindertagespflege geschaffen. Dann wird jedes Kind ab dem 2. Lebensjahr einen Rechtsanspruch auf Förderung in einer Kindertageseinrichtung oder in der Tagespflege haben.

Von den insgesamt 12 Mrd. Euro, die für den Ausbau benötigt werden, trägt der Bund rund ein Drittel. Ab 2014 beteiligt er sich dauerhaft mit jährlich 770 Mio. Euro an der Finanzierung der Betriebskosten.

Ziel bis 2013: gute Qualität bundesweit

Bund, Länder und Kommunen setzen neben dem Ausbau auch darauf, die Qualität der Betreuung entscheidend zu verbessern.

Nach:
Bundesministerium für Familie, Senioren, Frauen und Jugend (13.11.2008)
www.bmfsfj.de/bmfsfj/generator/BMFSFJ/Kinder-und-Jugend/kinderbetreuung.html

M2 Betreuungsmöglichkeiten für die Kleinsten

Westkinder brauchen Platz

Für das angestrebte Ziel, bis 2013 für 35 Prozent der Kinder unter drei Jahren Tagesbetreuung anzubieten, fehlen

	so viele Plätze	vorhandene Plätze (2009)	Ausbaubedarf bis 2013 in %
insgesamt	320 564	238 491	+134 %
davon in			
Nordrhein-Westfalen	100 053	52 092	+192
Niedersachsen	41 737	23 328	+179
Bremen	3 506	2 234	+157
Schleswig-Holstein	13 044	9 951	+131
Saarland	3 981	3 264	+122
Bayern	58 706	50 424	+116
Baden-Württemberg	50 128	44 022	+114
Hessen	27 001	25 359	+106
Rheinland-Pfalz	15 929	16 971	+94
Hamburg	6 479	10 846	+60

Zum Vergleich: Die Betreuungsquote in den neuen Bundesländern liegt schon heute zwischen 40 (Sachsen) und 55 Prozent (Sachsen-Anhalt)

Quelle: Statistisches Bundesamt, Modellrechnung

G 3514 © Globus

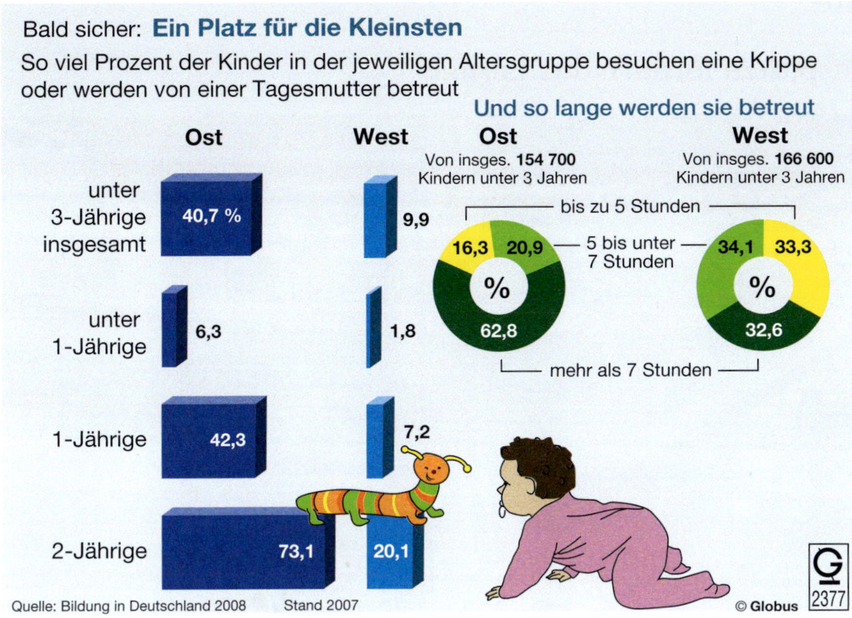

Statistisches Bundesamt vom 19.12.2008

M3 Eine Definition von Arbeit

Arbeit

1. Im allgemeinen Sinne ist Arbeit die Tätigkeit eines Menschen, die auf ein wirtschaftliches Ziel ausgerichtet ist (z.B. auf Einkommen).
2. Im betriebswirtschaftlichen Sinne ist Arbeit ein Produktionsfaktor neben den beiden anderen Hauptfaktoren Betriebsmittel und Werkstoffe. Man unterscheidet zwischen ausführender Arbeit und leitender Arbeit.
3. Im volkswirtschaftlichen Sinne ist Arbeit ein Produktionsfaktor neben Kapital und Boden.
4. In steuerlicher Hinsicht wird unterschieden zwischen selbstständiger (in eigener Verantwortung und für eigene Rechnung tätig) und nicht selbstständiger Arbeit (unter Aufsicht und Bezahlung eines Dritten tätig).

Frank W. Mühlbradt: Wirtschaftslexikon, Cornelsen Verlag Scriptor, Berlin 2007[9] 6, S.30

Arbeiten mit den Materialien

Zu **M1**

1 Wie kann das Kinderförderungsgesetz die Vereinbarkeit von Familie und Beruf fördern?

2 Wodurch ist es gerechtfertigt, dass der Staat Mittel für Kinderbetreuung ausgibt?

Zu **M2**

Vergleicht den Anteil der Betreuungsplätze
- in den Altersgruppen,
- zwischen den Bundesländern,
- zwischen Ost- und Westdeutschland.

Sprecht über Gründe für die Unterschiede.

Zu **M3**

Vergleicht diese Definitionen von Arbeit mit dem Text auf Seite 15.

Arbeitsplatz Schule

1 Gesunde Schülerarbeitsplätze fördern das Lernen

In der Schule arbeiten und lernen viele Menschen. Sie haben verschiedene Interessen, Fertigkeiten und Fähigkeiten. Alle wollen gesunde Arbeits- und Lernbedingungen.

Schüler brauchen eine Lernumgebung, in der jeder Einzelne gefördert wird und Freude am Lernen entwickeln kann.

Wichtig sind für Schüler eine gute Zusammenarbeit mit Mitschülern, Verständnis für andere Lebensweisen, gute Lehrer sowie das Aushalten und Lösen von Konflikten.

Dafür ist eine gute Ausstattung der Schule mit (Fach-)Räumen, Medientechnik, Ruhezonen sowie Lehr- und Lernmaterialien wichtig (siehe auch Kap. „Nachhaltig handeln in eurer Schule ...", S. 82 ff.).

▸ **Leitauftrag** Prüft, ob im → Leitbild eurer Schule etwas zu Arbeits- und Lernbedingungen und zum Wohlbefinden steht. Sprecht darüber, was euch für euer Lernen wichtig ist. Vergleicht dies mit den Vorstellungen, die eure Lehrer von ihren Arbeitsbedingungen haben.

B Auf einen Blick

Ihr beschreibt die Arbeitsbedingungen in eurer Schule.

Ihr schätzt die Arbeitsbedingungen unter folgenden Gesichtspunkten ein:

Ausstattung der Arbeitsplätze, Förderung des Lernens, Wohlfühlen bzw. Arbeitszufriedenheit im Unterricht, Förderung der Gesundheit.

Ihr entwickelt Vorschläge für die Verbesserung von Arbeiten und Lernen im Unterricht und wie ihr dazu beitragen könnt.

2 Arbeitsplätze in Fachräumen

Die Schulküche

Was in einer Schulküche wichtig ist:

- Arbeits- und Unfallschutz
- zeitgemäße Ausstattung mit funktionierenden Arbeitsgeräten
- Umweltschutz
- Einhaltung von Hygienevorschriften
- Platz für übersichtliche Vorratshaltung
- Ordnung an den Arbeitsplätzen
- gute Lichtverhältnisse
- Be- und Entlüftung
- Platz für Einzel- und Gruppenarbeit

A

Aufgaben

1 Überprüft die abgebildete Schulküche anhand der angeführten Gesichtspunkte.

2 Überprüft eure Schulküche. Beurteilt die Arbeitsbedingungen für Schüler.

3 Vergleicht die Schulküche mit eurer Küche zu Hause.

DER BLAUE ENGEL – JURY UMWELTZEICHEN – schützt MENSCH UND UMWELT

Der **Blaue Engel** ist das Umweltzeichen in Deutschland für umweltfreundliche Produkte und Dienstleistungen.

Die Holzwerkstatt

Arbeits- und Unfallschutz

Die Arbeitssicherheit der Maschinen wird regelmäßig überprüft.
Die Sicherheit im Handel gekaufter Geräte garantiert dieses Zeichen:

GS geprüfte Sicherheit

Was in einer Werkstatt wichtig ist:

- → Arbeits- und Unfallschutz
- günstige Anordnung der Arbeitsplätze
- Be- und Entlüftung, ggf. Staubabsaugung
- Umweltschutz
- Bewegungsfreiheit an den Arbeitsplätzen
- angemessene Ausstattung mit funktionierenden Werkzeugen und Maschinen
- Ordnung bei Werkzeugen und Werkstoffen

A Aufgaben

1 Überprüft die Abbildungen anhand der angeführten Gesichtspunkte. Zieht die Werkstattordnung (**M1**, S. 24) heran.

2 Überprüft die Werkstatt eurer Schule. Beurteilt die Arbeitsbedingungen für Schüler.

3 Wie können wir das Miteinander in unserer Klasse verbessern?

Am Beispiel der Fachräume für Arbeitslehre konntet ihr die Arbeitsbedingungen einschätzen (siehe S.21 f.). Dabei ging es auch um das Wohlfühlen im Unterricht.

Wichtig ist auch, wie ihr mit Mitschülern und Lehrern umgeht und diese mit euch. Dazu wurde eine Befragung von 750 Schülern durchgeführt. Im Folgenden einige Auszüge:

Verhalten von Lehrerinnen und Lehrern

Von 100 Schülerinnen und Schülern antworteten: Erklärung: Die Zahlen einer Zeile betragen weniger als Hundert, weil nur die beiden abgebildeten Spalten berücksichtigt wurden.	**Das trifft zu** für alle bzw. die meisten	**Das trifft zu** für keinen bzw. wenige
Meine Lehrer verstehen mich.	51	22
Meine Lehrer helfen mir, auch wenn ich keine guten Leistungen bringe.	53	24
Unsere Lehrer erklären gut.	56	13
Unsere Lehrer ermutigen uns, offen unsere Meinung zu sagen.	56	22
Unsere Lehrer sind hilfsbereit.	57	16
Unsere Lehrer behandeln uns wie kleine Kinder.	13	71
Unsere Lehrer behandeln uns ungerecht.	11	70
Es ist schwierig, mit unseren Lehrern über Dinge zu diskutieren.	23	47

Verhalten in der Klasse

Von 100 Schülerinnen und Schülern antworteten:	**stimmt genau/ ziemlich genau**	**teils/ teils**	**stimmt eher nicht/überhaupt nicht**
Die Schüler in meiner Klasse sind gerne zusammen.	53	41	6
Wenn jemand aus der Klasse traurig ist, gibt es immer jemanden, der sich um ihn kümmert.	63	23	14
Es gibt viele Schüler, die nicht gerne in meiner Klasse sind.	17	31	52
Es gibt viele Schüler in der Klasse, die sich nicht mögen.	28	42	30
Die meisten Schüler in meiner Klasse sind nett und hilfsbereit.	53	34	13

Markus Freitag: Was ist eine gesunde Schule? Weinheim 1998, S.129, 137 – Auszug

A

Aufgaben

1 Erklärt die Ergebnisse der Befragung.

2 Welche Bedeutung können die Einschätzungen für das Lernen haben?

3 Führt eine Befragung in eurer Klasse durch. Welche der Fragen wollt ihr einbeziehen? Welche sind euch zusätzlich wichtig?

4 Was könnt ihr tun,
- damit sich mehr Schüler in der Klasse wohlfühlen?
- damit ihr zufriedener seid mit euren Lehrern?
- damit die Lehrer mit euch zufriedener sind?

4 Weiterführendes Material

M1 Werkstattordnung

Folgende Regeln sind einzuhalten:

1. Der Arbeitsplatz darf nur aus sachlich bedingten Gründen verlassen werden.
2. Verhalten wie schnelles Laufen und Mitschüler ärgern ist untersagt.
3. Es ist zweckmäßige Kleidung, z.B. anliegende Ärmel, feste Schuhe, zu tragen.
4. Maschinen nur nach Unterweisung und unter Aufsicht der Lehrkraft bedienen. Unfallverhütungsvorschriften einhalten. Schutzvorrichtungen dürfen nicht entfernt werden. Lange Haare zurückbinden.
5. Der Platz um Werkbänke und Maschinen darf wegen Sturzgefahr nicht verstellt werden.
6. Mängel an Werkzeugen sind zu melden.
7. Bei Unterrichtsbeginn Werkzeuge im Tischkasten auf Vollständigkeit prüfen.
8. Vor Unterrichtsende
   - prüft die Lehrkraft die Werkzeuge,
   - Maschinen und Arbeitsplätze säubern und Hocker auf die Tische stellen.
9. Die Werkstatt darf nur mit Erlaubnis der Lehrkraft verlassen werden.

M2 Gesunde Schülerarbeitsplätze sichern

Die Schule soll gesunde Arbeitsbedingungen bieten und dies mit Maßnahmen zur Gesundheitsförderung verbinden.

- Prüft, was in eurer Schule zur Förderung von Gesundheit und Wohlbefinden geschieht.
- Welchen Einfluss haben Rauchen/Drogen?
- Wie sportlich sind die Schüler?
- Wie sind die Arbeitsplätze ausgestattet?
- Reichen die Pausen, um am Kiosk etwas zu kaufen und den Raum zu wechseln?
- Wie hat der letzte Feueralarm geklappt?

Nach: www.umweltschulen.de ▶ Bildung für Nachhaltigkeit ▶ Schulqualität und nachhaltige Entwicklung ▶ Nachhaltigkeit in der Schule ▶ Gesunde Schule

M3 Maßnahmen zur Gesundheitsförderung in eurer Schule (Auszug)

- Wie wird das Thema Gesundheit in der Schule behandelt (Projekte, Aktionen etc. für welche Klassenstufen)?
- Findet Aufklärung statt, z.B. zu den Themen gesunde Ernährung und Drogen?
- Gibt es – neben dem Sportunterricht – weitere Bewegungsangebote für Schüler und Lehrer (z.B. Sport-AGs, Aktion „bewegte Pause“, Ausleihe von Bällen in den Pausen)?
- Werden im Tages- bzw. Wochenablauf Möglichkeiten zur Entspannung einbezogen?

Nach: www.umweltschulen.de ▶ Bildung für Nachhaltigkeit ▶ Schulqualität und nachhaltige Entwicklung ▶ Nachhaltigkeit in der Schule ▶ Gesunde Schule ▶ Grundlagen ▶ Bereich 4 …

Arbeiten mit den Materialien

Zu M2
Nennt Bezüge zwischen Arbeitsbedingungen und Gesundheitsförderung. Wählt Fragen aus, sammelt dazu für eure Schule Informationen.

Zu M3
Erfasst und bewertet Maßnahmen zur Gesundheitsförderung in eurer Schule.

Alles klar?

Arbeitsplätze

1 Erkläre zwei Fähigkeiten, über die eine Verkäuferin verfügen sollte.

2 Nenne je eine Belastung bei der Arbeit durch
- einseitige körperliche Tätigkeit,
- nervliche Beanspruchung.

3 Beschreibe Auswirkungen auf Arbeitnehmer, deren Arbeitsplatz durch Maschinen ersetzt wird.

4 Nenne für einen Beruf deiner Wahl je eine
- körperliche
- geistige und
- soziale

Anforderung.

Arbeit im privaten Haushalt

5 Begründe die Arbeitsteilung und Arbeitsplanung im Haushalt.

6 Nenne Merkmale von Familienarbeit, ehrenamtlicher Arbeit und Erwerbsarbeit.

7 Begründe den Ausbau der Kindertagesbetreuung.

8 Erkläre Maßnahmen zur Vereinbarkeit von Erwerbsarbeit und Familienarbeit.

9 Was kann hier besser gemacht werden zur Vermeidung von Unfällen?

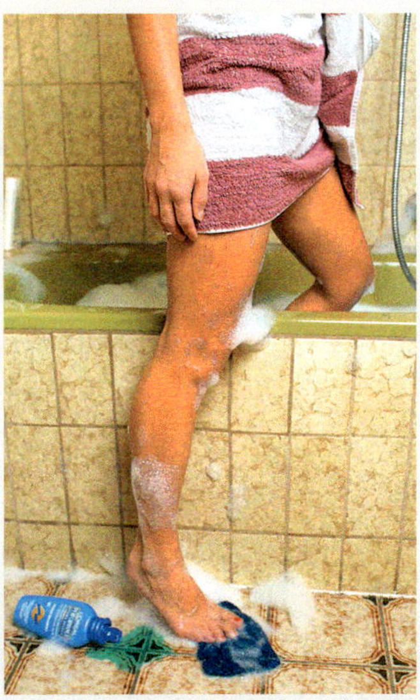

Arbeitsplatz Schule

10 Worauf ist bei einem Computerarbeitsplatz besonders zu achten? Überprüfe dazu einen Arbeitsplatz im Computerraum.

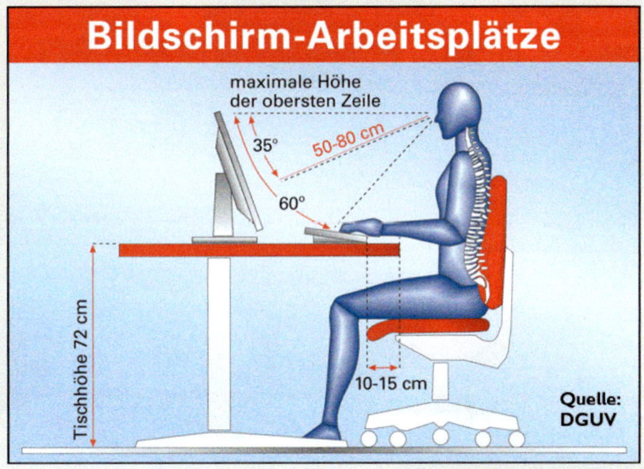

▲ www.augeninfo.de/patinfo/bildsch.pdf S.4 Computerarbeitsplatz (moderner Flachbildschirm)

11 Begründe, warum in einer Schulwerkstatt Regeln zur Bedienung von Maschinen und Geräten festgelegt sind.

Tischlerei Höper produziert Wärmeschutzfenster

1 Gute Kundenberatung – Voraussetzung für einen neuen Auftrag

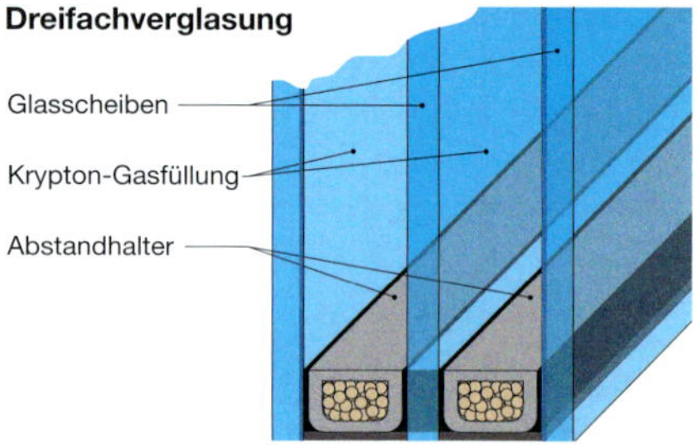

Tischlermeister Höper berät Herrn Meyer beim Fensterkauf

MEYER: „Wir brauchen ein neues Fenster aus Naturholz. Der Wärmeschutz soll stärker berücksichtigt werden – Energie ist teuer geworden und wir denken an die Umwelt."

HÖPER: „Da sind Sie hier richtig. Die Doppelverglasung hat innen Edelgas und außen auf der inneren Scheibe Silberdampf. Die Sonne wärmt durch die Scheiben und die Wärme, auch die Heizwärme, bleibt drinnen (s. S. 49). Noch besser ist die Dreifachverglasung. Die Verbindung Fenster–Mauerwerk wird luftdicht mit einem Flies isoliert (s. Abb. rechts)."

M.: „Wann könnten Sie liefern und einbauen?"

H.: „Wir haben gut zu tun, in drei Wochen."

M.: „Wie läuft das genau ab?"

H.: „Ich messe bei Ihnen aus, kalkuliere den Preis und schreibe Ihnen ein Angebot. Wenn wir uns einig sind, wird das Fenster maßgerecht geplant. Ich prüfe, ob Holz und Beschläge am Lager sind, bestelle die Verglasung, plane die Herstellung und den Einbau."

▸ **Leitauftrag** Welche Arbeiten übernimmt die Tischlerei bei einem Auftrag? Warum ist dem Kunden der Umweltschutz wichtig?

B Auf einen Blick

Ihr beschreibt am Beispiel, wie ein Handwerksbetrieb einen Kundenauftrag bearbeitet.

Ihr begründet die Aufgaben des Betriebs bei der Beratung des Kunden, der Planung des Fensters und beim Ablauf der Herstellung.

Ihr erklärt, wie in einem → Handwerksbetrieb produziert wird.

Ihr führt eine Betriebserkundung durch.

Ihr nennt Argumente für den Einsatz von Maschinen und Handarbeit.

Ihr erklärt die Bedeutung des Unfall- und Gesundheitsschutzes.

Ihr erklärt, wie für die Produktion ökologische Nachhaltigkeit berücksichtigt werden kann.

Ihr stellt die wirtschaftlichen Beziehungen eines Handwerksbetriebes dar.

2 Blick in die Werkstatt: Handarbeit und computergesteuerte Maschinen

Die Tischlerei wurde 1874 gegründet. Der Chef übernahm sie nach der Meisterprüfung von seinem Vater. Zum Unternehmen gehören das Grundstück, die Werkstatt, → Betriebsmittel wie Maschinen und → Werkstoffe wie Holz. Auch ein Büro mit PC und Software sowie genügend Geld für die Zahlung von Löhnen und von Rechnungen sind wichtig für den Geschäftsbetrieb. Zu diesen Produktionsfaktoren gehört auch die Arbeit der Beschäftigten und die Leitung sowie Organisation des Unternehmens durch den Chef.

Wichtig ist ein Stamm von Kunden, die immer wieder Aufträge erteilen und das Unternehmen anderen empfehlen.

Die Tischlerei fertigt auf Bestellung der Kunden und kann besondere Wünsche berücksichtigen. Sie hat sich auf Fenster und Türen spezialisiert. Dort arbeiten der Chef, ein Tischler, ein Auszubildender und die Frau des Chefs als Bürokauffrau. Auch der Vater des Chefs ist noch im Betrieb aktiv. Es wird Wert auf eine gute Ausbildung gelegt. Immer mehr Tätigkeiten verrichten Maschinen. Der Anteil der Handarbeit nimmt ab.

In den letzten Jahrzehnten wurde der Betrieb mehrfach modernisiert und die Arbeit umweltgerechter gestaltet. Da das Unternehmen seit Jahren erfolgreich war und gute → Gewinne erwirtschaftete, reichten die Geldmittel für die erforderlichen → Investitionen und ein gutes Unternehmereinkommen. Gewinne macht ein Unternehmen dann, wenn die Erträge größer sind als die Kosten (z.B. Material, Energie, Abnutzung der Maschinen, Löhne).

Typisch im Handwerk ist die Werkstattfertigung. Dabei werden Einzelstücke oder mehrere gleiche Teile (Serien) hergestellt. Die Arbeitsschritte erfolgen an den Maschinen und in Handarbeit. Teilweise wird ein Werkstück von einer Person erstellt oder die Arbeit, z.B. nach dem Können, zwischen mehreren geteilt.

Fallen Herstellungs- oder Montagetätigkeiten beim Kunden an, spricht man von Baustellenfertigung.

A Aufgaben

1 Begründet die Bedeutung gut ausgebildeter Fachkräfte für den Betrieb.

2 Vergleicht Hand- mit Maschinenarbeit.

3 Erklärt, wie die Produktionsfaktoren zusammenwirken (siehe auch M3, S.32).

4 Begründet, warum Betriebe Gewinn erwirtschaften müssen.

5 Erklärt Werkstatt- und Baustellenfertigung am Beispiel des Fensterauftrags (S.26).

3 Von der Planung eines Fensters bis zum Einbau – Qualität aus einer Hand

Im Folgenden könnt ihr den Produktionsablauf nachvollziehen.

Der Auftrag ist erteilt. Eine Woche ist nun Zeit, das Fenster am PC maßgenau zu planen. Das erfolgt mit einem besonderen Programm.

Die eingegebenen Daten werden später bei der Programmierung der → CNC-gesteuerten Fensterfertigung für die Herstellung der Holzprofile genutzt.

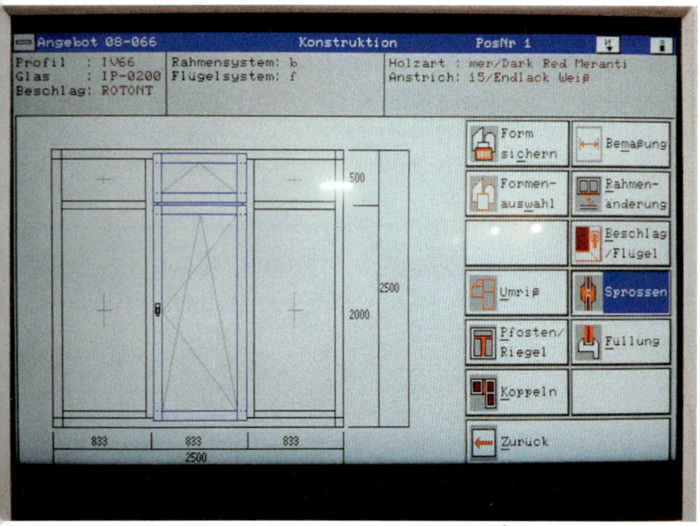

Der Chef überprüft, ob das richtige Holz am Lager ist.

Eine Woche später – der Chef plant den Arbeitsablauf. Aufträge werden in eine geeignete Reihenfolge gebracht.

Die CNC-gesteuerte Fensterfertigung wird programmiert und die Holzteile hergestellt.

Die Maschine fräst die → Profile genau nach Maß.

Die Teile werden verleimt und mit der Rahmenpresse unter Druck zusammengefügt.

In der Lackiererei wird der gewünschte Farbton aufgetragen. Die Lacke entsprechen Umweltvorschriften. Die Mitarbeiter müssen trotz Absauganlage für die Farbnebel Atemschutz tragen. Diese Vorschriften zum Gesundheitsschutz werden von der Berufsgenossenschaft überwacht.

Die Beschläge, z.B. für eine Kippvorrichtung, werden montiert.

Zum Schluss wird die Wärmeschutzverglasung eingebaut.

Die Arbeit ist von den Fachkräften bei jeder Stufe selbst zu kontrollieren. Zum Schluss erfolgt eine Endkontrolle.
Jetzt zeigt sich, ob das Fenster passt. Der sachgerechte Einbau ist wichtig, damit das Fenster sich gut öffnen und schließen lässt.

Beschäftigte äußern sich zur Arbeit

Tischlergeselle: Meine Arbeit ist interessant und vielseitig. Die verschiedenen Arbeitsplätze in der Werkstatt, bei der Montage und Reparaturen beim Kunden fordern mein Können. Manchmal sind Überstunden fällig. Das bringt zusätzliches Geld.

Auszubildender: Der Betrieb ist auf Türen und Fenster spezialisiert. Die Arbeiten kann ich schon gut. Die Bearbeitung von Möbeln muss ich aber noch besser lernen. Da ist noch ein Praktikum beim Nachbarbetrieb im Gespräch.

Chef: Als Selbstständiger treffe ich Entscheidungen zur Entwicklung des Betriebs. Zum Beispiel habe ich die teure Hobelmaschine angeschafft, mit der ich auch für andere Tischlereien arbeite. Ich trage die Verantwortung, wenn meine Erwartungen nicht eintreffen und sich die Anschaffung nicht rechnet.

Vater des Chefs: Ich bin im Rentenalter, aber noch täglich im Betrieb tätig. Ich habe immer gern gearbeitet. Mein Sohn und ich sprechen über wichtige Sachen. Er sieht manches anders als ich – aber er braucht auch Spielraum, seine Ideen zu verwirklichen.

A

Aufgaben

1 Begründet, warum der Ablauf der Arbeit geplant wird.

2 Nennt Vorteile der Nutzung von Computern.

3 Warum könnte es sein, dass der Lagerbestand noch nicht am PC kontrolliert wird?

4 Verfolgt die Produktionsschritte. Ist ein anderer Ablauf möglich?

5 Bei der Fensterherstellung muss sehr genau gearbeitet werden. Begründet dies.

6 Nennt Maßnahmen zum Gesundheitsschutz beim Lackieren.

7 Sprecht über die Äußerungen der Mitarbeiter oben.

4 Die Tischlerei im Wirtschaftsgeschehen

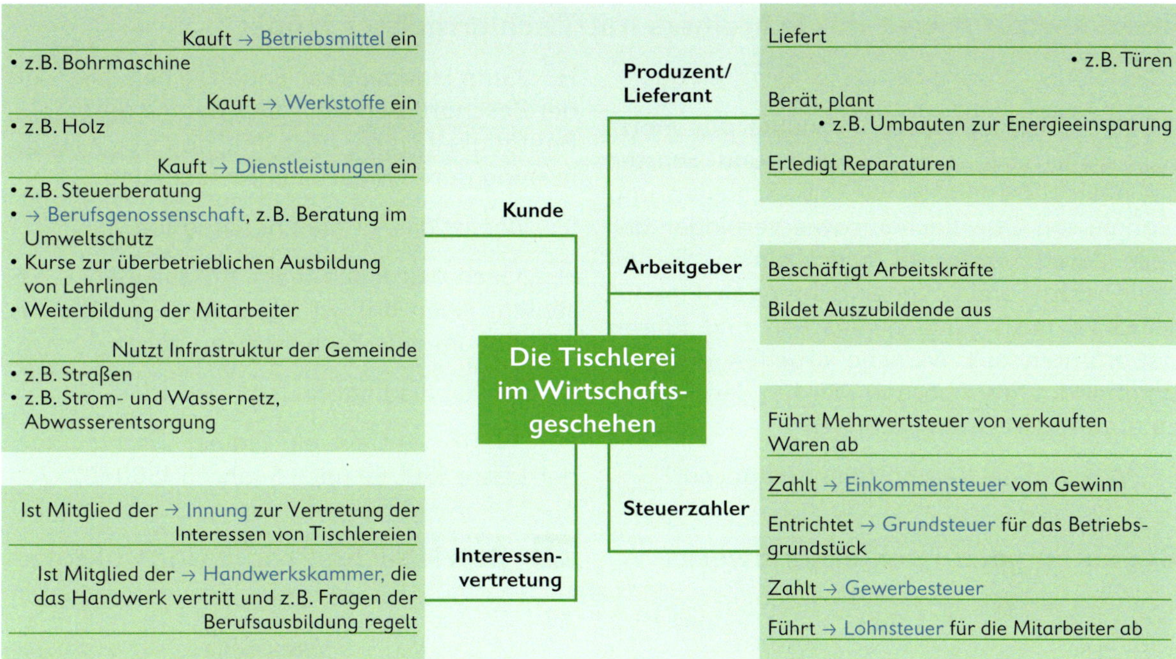

Die Tischlerei ist vielfältig mit der wirtschaftlichen Umwelt verbunden

Als **Arbeitgeber** stellt sie ausreichend Mitarbeiter ein, um mit deren Arbeitsleistungen die Aufträge in guter Qualität zur gewünschten Zeit erledigen zu können. Sie bildet aus, um Fachkräftenachwuchs zu haben, und stellt Plätze für Schülerpraktika bereit.

Als **Produzent** bzw. **Lieferant** erledigt sie die Kundenaufträge und erstellt ein Fenster bzw. repariert eine schadhafte Türdichtung. Sie produziert also Waren und erbringt Dienstleistungen. Für die Schreinerei ist wichtig, dass die wirtschaftliche Entwicklung in der Region gut ist und nur wenige Menschen arbeitslos sind. Dann wird viel gebaut bzw. umgebaut.

Als **Kunde** kauft sie ein, was für die Aufträge und zum Funktionieren des Betriebs wichtig ist (siehe Schaubild). Dazu kann auch eine Dienstleistung gehören, für die es nicht lohnt, eigene Mitarbeiter zu beschäftigen. So könnte z.B. die Buchhaltung ein darauf spezialisiertes Unternehmen übernehmen.

Als **Steuerzahler** ist das Unternehmen für den Staat wichtig. Die Gemeinde erhält einen Teil der → Steuern. Sie ist interessiert, dass viele Unternehmen am Ort sind und hohe Gewinne machen. Davon hängt ein Teil der Steuereinnahmen ab und die Gemeinde kann dafür z.B. Straßen und Sportstätten bauen.

A Aufgaben

1 Erklärt am Beispiel des Auftrags für ein Fenster, wie sich das auf die Rollen des Unternehmens als Produzent, Arbeitgeber, Kunde und Steuerzahler auswirkt.

2 Begründet, warum die Gemeinde daran interessiert ist, dass die Unternehmen gute Gewinne erzielen.

3 Erkundet einen Handwerksbetrieb. Nutzt dazu die Methode Betriebserkundung im Handwerk auf S.33.

5 Weiterführendes Material

M1 Interview zur Arbeit des Schreiners mit Tischlermeister Höper

SCHÜLERIN: „Was macht Tischlerarbeit aus?“

HÖPER: „Tischler stellen Produkte aus Holzwerkstoffen her, z.B. Schränke und Fenster. Sie nutzen Techniken, wie z.B. Schleifen und Hobeln von Oberflächen sowie Verbinden der Teile durch Schrauben oder Leimen. Sie erstellen Büro- und Ladeneinrichtungen, Einbauschränke nach Kundenwünschen und führen Reparaturen aus. Manche arbeiten auch im Baumarkt. Dabei beraten sie Kunden – auch zu umweltgerechten Lösungen.“

S.: „Wie sind die Beschäftigungschancen?“

H.: „Gute Handwerker finden Arbeit. Die Zahl der Beschäftigten sank. Das hat mit geringerer Bautätigkeit, aber auch mit höherer Arbeitsleistung durch Maschineneinsatz zu tun.“

S.: „Wie ist die Ausbildungssituation?“

H.: „Gern würde ich mehr Auszubildende einstellen. Aber das ist zu teuer. Ausbilden ist wichtig, um gute Fachkräfte zu haben.“

S.: „Wie ist die Entlohnung?“

H.: „Netto verdient ein lediger Tischler nach der Lehre 1300 €, nach 5 Jahren 1500 €.“

M2 Bedeutung des Tischlerhandwerks

Merkmale	2000	2009
Betriebe	44 000	41 700
Beschäftigte	257 600	178 800
davon Auszubildende	37 200	21 500
Beschäftigte je Betrieb	5,9	4,3
Auszubildende je 100 Beschäftigte	14,4	12,0
Umsatz	20,3 Mrd. €	16,8 Mrd. €
Umsatz je Beschäftigten	78 600 €	93 400 €

Quelle: **Bundesverband Holz und Kunststoff:** Tischler-/Schreinerhandwerk in Zahlen, Berlin; Stand Juni 2010

M3 Betriebliche Produktionsfaktoren

Arbeiten mit den Materialien

Zu M1
Erklärt den Beruf des Tischlers. Belegt die höhere Arbeitsleistung mit Zahlen aus **M2**.

Zu M2
Was bedeutet die sinkende Beschäftigtenzahl für die Betroffenen?

Zu M3
Nennt für die Tischlerei Höper (siehe S. 27) weitere Beispiele zu den einzelnen Produktionsfaktoren.

Methode Betriebserkundung im Handwerk

1 Worum geht es

Ihr könnt Einblick in Handwerksbetriebe erhalten. Setzt Schwerpunkte nach euren Interessen und denen des Betriebes.

- Anforderungen an die Arbeit, Berufe (siehe Methode Arbeitsplatzerkundung, S.12)
- Arbeits- und Umweltbedingungen bei der Produktion
- eingesetzte Werkzeuge, Maschinen
- Güterherstellung, z.B. Qualität, Umwelteigenschaften, Preis
- wirtschaftliches Handeln im Unternehmen, z.B.
  - Ablauf der Produktion
  - Beschaffung von → Werkstoffen, → Betriebsmitteln
  - Verkauf der Produkte
  - Entwicklung des Unternehmens

Bereitet euch auf die Schwerpunkte vor. Gewinnt dazu Informationen, z.B.

- auf der Website des Unternehmens
- durch die Methode Befragung (S.109)

2 So läuft es ab

Vorbereitung

- Ziele festlegen, also klären, was ihr lernen möchtet
- inhaltliche Schwerpunkte setzen
- Betrieb auswählen (Branchenverzeichnis, Internet, Handwerkskammer, Innungen)
- Kontakt herstellen, Schwerpunkte, Zeit und Ablauf vereinbaren
- Aufgaben auf Gruppen verteilen
- Verhalten im Betrieb besprechen
- Gruppenaufgabe vorbereiten, Technik organisieren (z.B. Camcorder)
- Vorüberlegungen zur Auswertung; wie soll diese erfolgen? (siehe Methode Gruppenarbeit, S.40 f.)

Durchführung

- Aufgaben erledigen, Ergebnisse notieren, ggf. in Bild und Ton festhalten
- ungeplante Eindrücke einbeziehen
- im Abschlussgespräch offene Fragen klären

Auswertung

- Ergebnisse in der Gruppe ordnen, aufbereiten und auswerten
- noch fehlende Informationen besorgen (auf der Website, im Betrieb, …)
- im Betrieb bedanken, evtl. zur Präsentation einladen
- Technik zur → Präsentation einüben und diese durchführen
- besprechen, was erreicht wurde (Inhalte und Darbietung)
- darüber nachdenken, was gut war und was beim nächsten Mal geändert werden sollte

Schüler produzieren Spielzeugautos

1 Die Projektgruppe „Holzwerkstatt" plant die Produktion

Das Projekt haben Schüler des 6. Jahrgangs durchgeführt. Vielleicht mögt ihr ein ähnliches durchführen. Anlass war das jährliche Schulfest mit Basar. Hier wollte die Klasse Spielzeug für jüngere Kinder verkaufen. Von Geschwistern hatten einige Schüler Holzspielzeuge mitgebracht. Das hier abgebildete Spielzeugauto fand Interesse. Mit der Lehrerin prüfte die Projektgruppe Möglichkeiten des Baus eines ähnlichen Modells und entwickelte Lösungsvorschläge.

Jedes Gruppenmitglied wollte zunächst sein „eigenes" Auto bauen. Wie viele Autos letztlich zum Verkauf produziert werden können, sollte später entschieden werden. Zunächst planten sie die Herstellung einer → Einzelfertigung und stellten dazu Vorüberlegungen an. In „richtigen" Produktionsbetrieben wird das von der Arbeitsvorbereitung übernommen.

Fertigungsarten

Einzelfertigung ist eine Fertigungsart, bei der ein Produkt einmalig oder mit Wiederholung hergestellt wird. Andere Fertigungsarten sind die Serienfertigung (gleiche Produkte in größerer Stückzahl) und die Massenfertigung (sehr große Stückzahl).

▸ **Leitauftrag** Überlegt für eure Klasse ein eigenes Produktionsprojekt. Stellt Fragen zusammen, die für die Umsetzung zu klären sind.

Ergebnis des weiteren Unterrichtsgesprächs waren diese Fragen zur Planung:

- Welche Konstruktionspläne müssen erstellt werden?
- In welche Grundbauteile lässt sich der Prototyp zerlegen?
- Welche Qualitätsanforderungen gelten?
- Welches und wie viel Material wird benötigt?
- Wo beschaffen wir das Material und wie hoch sind die Stückkosten?
- Welche vorproduzierten Bauteile kaufen wir ein?
- In welchen Arbeitsschritten fertigen wir? Wie organisieren wir diese?
- Welche Werkzeuge und Maschinen werden benötigt?
- Wie führen wir die Qualitätskontrolle durch?

B Auf einen Blick

Ihr entwickelt eine Projektaufgabe und legt Ziele fest.

Ihr plant Arbeitsschritte zur Herstellung, wählt dafür Materialien und Werkzeuge aus.

Ihr arbeitet im Team und löst evtl. Konflikte.

Ihr präsentiert eure Ergebnisse, reflektiert euren Arbeitsablauf, eure Arbeitsergebnisse und die Zusammenarbeit.

Ihr wendet die Methode Gruppenarbeit und die Kartenabfrage bei der Projektarbeit an.

2 Durchführung der Produktion in Arbeitsgruppen

Herstellung der Bauteile

Die Fragen zur Arbeitsvorbereitung werden nach dem Zerlegen des Prototypen beantwortet. Die Schüler fertigen zunächst eine Skizze an und danach eine technische Zeichnung des Grundkörpers (s. nächste Seite) mit exakten Maßen (Angaben immer in Millimeter).
Beim Material entscheiden sie sich für → Leimholz aus Fichte. Es wird in Baumärkten als Regalbrett angeboten. Für die Räder wollen sie vorgefertigte → Fichtenscheiben verarbeiten. Diese haben den Produktnamen Konusplättchen. Die Wellen sollen aus Rundholzstäben gefertigt werden. Die Schüler erkunden die Angebote unter den Gesichtspunkten:

- angebotene Größen,
- Mengen,
- Preise.

Das Material soll für mindestens 15 Autos ausreichen. Die Produktion der Bauteile erfolgt in drei Kleingruppen. Die Schüler übernehmen die Aufgabenverteilung innerhalb der Gruppe.

Herstellung der Grundkörper

Aus einem Leimholzbrett (1200 × 300 × 18) werden mit einer Kreissäge oder Bandsäge 15 Streifen (75 × 300 × 18) gesägt. Das übernimmt aus Sicherheitsgründen die Lehrerin. Mit dem *Fuchsschwanz* werden die Streifen auf 150 abgelängt.
Je zwei Leimholzstücke werden zusammengeleimt und mit Schraubzwingen ca. 10 Minuten gepresst.

Produktion der Räder

Pro Auto werden 8 Fichtenscheiben (35 ∅) benötigt. Je 2 Scheiben werden zusammengeleimt und kurz gepresst. Dann wird mit dem → Zentrierwinkel über Kreuz der Mittelpunkt markiert. Alternativ kann das mithilfe einer Kreisschablone (35 ∅, eingezeichneter Mittelpunkt) und eines Vorsteckers erfolgen. Nacheinander werden sie in den Auflageschraubstock eingespannt und mit der Tischbohrmaschine 5 ∅ gebohrt.

Produktion von Einzelrad mit Welle

Dazu werden die Buchenrundhölzer (5 ∅) mit der *Feinsäge* auf 83 abgelängt. 30 Wellen müssen hergestellt werden.

In die Hälfte der gebohrten Räder wird die Welle mit wenig Leim und leichten Schlägen eines Holz- oder Gummihammers eingeschlagen.

Nach kurzer Trockenzeit runden die Schüler die Außenkanten der Räder stark ab (mit Schleifpapier, 60er oder 80er Körnung, das mit Kammzwecken auf einem Schleifklotz aus Kork oder Holz befestigt ist). Da Kinderspielzeug aus hygienischen Gründen abwaschbar sein sollte, werden alle Teile mit Klarlack, am besten schadstoffarm (z.B. ausgezeichnet mit dem Blauen Engel) beschichtet.

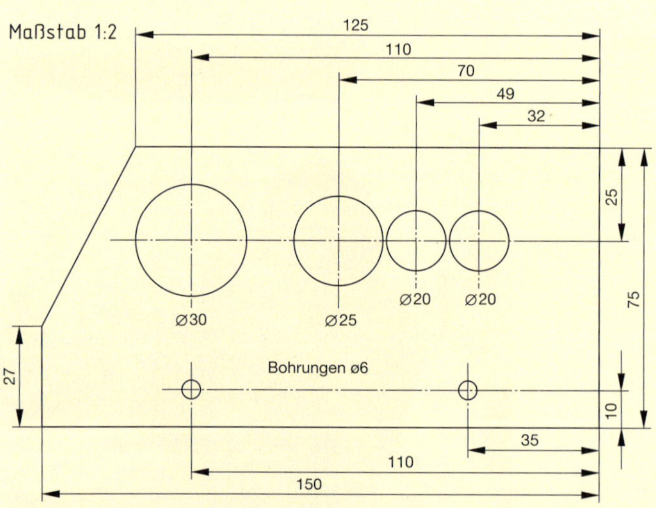

Die **technische Zeichnung** ist eine Möglichkeit, um Form und Maße eines Gegenstandes maßstabsgetreu und exakt festzulegen. Es ist wichtig, die Zeichnung nach Grundregeln zu erstellen, die für alle verständlich und verbindlich sind. Solche Regeln betreffen z.B. die Maßeintragung. Maßangaben und Linienarten sind im Originalmaß in Millimeter angegeben.

Geeignete Gegenstände können im Maßstab 1:1 gezeichnet werden. Für große oder sehr kleine Gegenstände wird ein passender Maßstab gewählt.

Die **technische Skizze** ist eine Vorstufe der technischen Zeichnung. Sie ist eine Freihandzeichnung, in der die geometrische Form und die Maße erkennbar sind.

Endproduktion in Gruppenarbeit

Die Endmontage der Autos soll in drei Arbeitsbereichen stattfinden. Je fünf Schüler sind für die Aufgaben verantwortlich. Sie besprechen die notwendige Ausstattung mit Werkzeugen und Maschinen. Die Bohrmaschinen müssen von allen Gruppen genutzt werden. Hier werden die Schüler von der Lehrerin besonders unterstützt.

Die notwendigen Arbeitsschritte werden in der Kleingruppe besprochen und notiert.

Aus den gefertigten Bauteilen entstehen so in drei Stufen die fertigen Holzautos.

Zur Arbeitserleichterung bei der regelmäßigen Gestaltung der Grundkörperform wird vorab ein Hilfsmittel (Lehre) erstellt. Auf dicken Karton werden aus der technischen Zeichnung die Umrisse und die Bohrungen für Fenster, Griffdurchbruch und Wellen übertragen und anschließend ausgeschnitten.

Arbeitsbereich 1

Ausstattung mit Werkzeug und Material

- 15 Grundkörper;
- Schraubstock mit Holzschutzbacken;
- Lehre (Schablone aus Karton);
- spitzer Bleistift; Vorstecher (Reißnadel); Feinsäge

Sobald einige Grundkörper geleimt sind, beginnen die Schüler mit der Arbeit. Dann haben alle Schüler nach kurzer Zeit Arbeit.

Arbeitsschritte

- Schrägung mit der Lehre auf Grundkörper anzeichnen
- Mittelpunkt der Bohrlöcher mit einer Reißnadel auf Grundkörper übertragen
- Grundkörper in den Schraubstock spannen (Holzschutzbacken nicht vergessen)
- mit Feinsäge Schrägung absägen

Einsatz der elektrischen Tischbohrmaschine

- Fenster mit Forstnerbohrer (30) bohren
- Griffdurchbruch mit Forstnerbohrer (25 und 20) bohren
- Löcher zur Aufnahme der Wellen mit Wendelbohrer (6) bohren

Arbeitsbereich 2

Ausstattung mit Werkzeug und Material
- Grundkörper aus Arbeitsbereich 1
- Parallelschraubstock mit Holzschutzbacken
- Stechbeitel; Raspel; Holz-/Gummihammer; Flach-, Halbrund- und Rundfeile

Mit der Arbeit wird begonnen, sobald die Bohrungen in den ersten Grundkörpern fertig sind.

Arbeitsschritte
- Grundkörper einspannen
- alle Kanten stark abrunden (nur leicht andrücken, um Holzsplitter zu vermeiden)
- mit Stechbeitel und Hammer hinteren Teil zum Durchbruch ausstechen
- mit Raspel länglichen Durchbruch stark abrunden
- Bohrungen mit entsprechender Feile glätten

Arbeitsbereich 3

Ausstattung mit Werkzeug und Material
- Grundkörper aus Arbeitsbereich 2
- Werkbank
- 80er bis 120er Schleifpapier; auf Korkschleifklotz gefaltet befestigt
- Klarlack, Pinsel, Arbeitshandschuhe
- Wellen mit Einzelrad und Einzelräder, (vorher gefertigte Bauteile)
- Leim, Holzhammer

Die Arbeiten beginnen, sobald im Arbeitsbereich 2 ein vorgefertigtes Produkt vorliegt.

Arbeitsschritte
- zur Feinbearbeitung grobe Abrundungen der Kanten mit Schleifklotz schleifen
- Feinschleifen mit gefaltetem Schleifpapier
- Grundkörper mit Klarlack streichen, evtl. ein 2. Mal lackieren, (jeweils) Trockenpause
- Welle mit Einzelrad in Grundkörper einsetzen
- zweites Rad mit etwas Leim in der Bohrung mit Holzhammer auf Welle treiben
- Endkontrolle: Selbstkontrolle durch Bearbeiter/Fremdkontrolle durch andere Schüler bzw. Lehrer (Kriterien: auf Funktion, Maße, Sorgfalt und Vollständigkeit der Bearbeitung achten). Falls nötig, nachbearbeiten.

Nach Fertigstellung aller 15 Autos

- wird im Plenum der Arbeitsprozess reflektiert.
- werden die Kosten nachkalkuliert.
- wird über die weitere Produktion zum Verkauf auf dem Basar beraten.

3 Anregungen für ein eigenes Projekt

Die Ideenwerkstatt

Zunächst gilt es zu entscheiden, was ihr herstellen möchtet und für welchen Zweck.
Solch eine Entscheidung hängt auch von den technischen Möglichkeiten in der Schule sowie von euren Fähigkeiten ab.
Ihr könnt das vorgestellte Auto produzieren. Habt ihr bessere Ideen für die Arbeitsorganisation als die Projektgruppe „Holzwerkstatt“?
Vielleicht entscheidet ihr euch auch gleich für eine Serienfertigung und organisiert diese am Fließband.

Auftrag

Beginnt jetzt mit der eigenen Arbeitsvorbereitung. Beantwortet dazu den Fragenkatalog Seite 34.

Die Kosten

Bei jeder Entscheidung sind die Kosten zu berücksichtigen.
Wenn die Produkte für den Verkauf bestimmt sind, muss zunächst Geld vorgelegt werden. Die Menge kann in einer Vorkalkulation ermittelt werden.
Nach Fertigstellung der 15 Autos sollten weitere für den Basar gebaut werden. Ein Verkaufspreis musste ermittelt werden und dieser sollte in jedem Fall die Materialkosten decken und einen Aufschlag für die erbrachte Arbeit berücksichtigen. Kosten für Maschinen und Werkstattnutzung wurden nicht berechnet.
Es sollte ein kleiner Gewinn für die Klassenkasse anfallen.

Auftrag

Versucht eine Kalkulation für die 15 Holzautos. Ermittelt den Materialbedarf und erkundet die Preise in Baumärkten.
Ermittelt einen Verkaufspreis für einen Basar. Bedenkt, dass ihr mit den Preisen im Handel mithalten müsst.

Ein anderer Prototyp

Nehmt die folgenden Schritte zu Hilfe, um ein erfolgreiches Ergebnis zu bekommen:

- vom Prototypen eine *technische Skizze* anfertigen (eventuell mit Änderungen nach Wunsch)
- *technische Zeichnung* erstellen
- Materialauswahl treffen
- Stückliste zusammenstellen
- einen eigenen Prototypen bauen
- in einem Arbeitsablaufplan die Arbeitsschritte und die Arbeitsmittel aufstellen
- den jeweiligen Zeitbedarf schätzen, Arbeitsplätze festlegen und die Arbeitskräfte bedarfsgerecht organisieren
- Materialbedarf für die gewünschte Produktionsmenge ermitteln
- Kosten für das Material erkunden

Auswertung

- Wie effektiv war die Zusammenarbeit?
- War die Planung angemessen? z.B.
  - Reihenfolge der Arbeit
  - Aufteilung auf Arbeitsplätze
  - Zeiteinteilung
- Welche Planungsfehler wurden gemacht? Wie wirkten sich diese auf die Arbeit aus?
- Welcher Teil/welche Form der Zusammenarbeit hat am meisten Spaß gemacht? Warum?
- Waren alle gleichermaßen beteiligt?
- Gab es „Experten“? Berücksichtigt die Beobachtungspunkte für Beziehungen in der Gruppe (siehe Gruppenarbeit, S. 40 f.).
- Waren die Arbeitsanforderungen angemessen?

Methode Gruppenarbeit

1 Darum geht es

In Schule, Familie, Freundeskreis und Beruf ist Zusammenarbeit wichtig.
Ihr könnt lernen:

- die Arbeit selbstständig zu planen, durchzuführen und auszuwerten,
- andere Meinungen zu berücksichtigen,
- Regeln zur Lösung von Konflikten zu finden,
- im Team zu entscheiden.

2 Das ist vorher zu entscheiden

Eignung der Aufgabe

- Lässt sich diese gut in der Gruppe erledigen?
- Können mehrere Lösungen erarbeitet und kann zwischen diesen entschieden werden (z.B. Energiesparmöglichkeiten)?
- Sind notwendige Arbeitstechniken bekannt bzw. zu erlernen (z.B. Interview)?

Gruppenbildung

Soll die Zusammenarbeit mit denen erfolgen,

- deren Fähigkeiten ihr gut kennt bzw. die ihr mögt?
- die ihr weniger kennt, aber mit denen ihr zurechtkommen möchtet?

3 So läuft es ab

Vorbereitung in der Klasse

- Wie viel Zeit habt ihr? Berücksichtigt z.B. auch die Präsentation der Ergebnisse.
- Wie wollt ihr die Ergebnisse mitteilen (z.B. Wandzeitung)?
- Welche Mittel braucht ihr (z.B. Stellwände, Papier, Stifte)?
- Wie soll die Bewertung eurer Arbeit erfolgen?

Vorbereitung in der Gruppe

Bestimmt ein Mitglied

- zur Gesprächsleitung,
- für Kontakte mit dem Lehrer und mit anderen Gruppen.

Trefft Absprachen für die Zusammenarbeit.

Durchführung

Beachtet euren Zeitrahmen. Überlegt, was im Team, was arbeitsteilig zu erledigen ist. Fordert Verhaltensregeln und die Beteiligung aller. Haltet Ergebnisse sofort schriftlich fest.

Auswertung

- *inhaltlich*, das Thema betreffend, z.B.: Ist das Poster (oder andere Darstellung) verständlich?
- *die Beziehungen in der Gruppe* betreffend: Wie geben wir uns Rückmeldung?

1 Verhaltensregeln für die Zusammenarbeit beachten

- *Jeder hat für sich und die Gruppe Verantwortung.*
- *Es kann immer nur einer sprechen.*
- *Formuliere eine eigene Meinung.*
- *Sprich andere mit Blickkontakt an.*
- *Lass dir erklären, was du nicht verstehst.*
- *Teile Ärger mit. Das fördert eine Klärung.*
- *Versuche Konflikte in der Gruppe zu lösen. Bitte evtl. den Lehrer um Hilfe.*

2 Beziehungen in der Gruppe auswerten

Beantworte folgende Fragen zuerst allein. Danach sprich mit den anderen darüber, was das für die Gruppe bedeutete oder was du ändern möchtest. Beachte Regeln zur Rückmeldung.

- Wer stand im Vordergrund/beteiligte sich nicht? Was bedeutete das für andere?
- Wurden unterschiedliche Meinungen geachtet/abgewertet?
- Wer wurde nicht akzeptiert/abgewertet bzw. als besser angesehen?
- Wie wurden Entscheidungen getroffen?
- Wie hast du dich in der Gruppe gefühlt?
- Was möchtest du verändern?

3 Rückmeldung geben

- Beschreibe das Verhalten anderer, aber bewerte es nicht. Es könnte verletzen.
- Formuliere klar und genau.
- Behandle andere, wie du es für dich möchtest.
- Gib positive Eindrücke wieder. Nenne auch Dinge, die zu ändern sind.
- Kritisiere keinen als Menschen, sondern beziehe dich auf sein Verhalten.

Methode Kartenabfrage

Diese ist in einer Gruppe oder Klasse zu nutzen. Zu einer Frage können damit Interessen oder Vorwissen abgefragt und nach Oberbegriffen geordnet werden.

Das geschieht an einer Stecktafel (Metaplanwand). Auch die Auswertung von Vorhaben ist möglich.

Schritte der Kartenabfrage

Klärt folgende Fragen:

1. Was soll warum abgefragt werden?
2. Welches Material wird benötigt (Karten, Stifte)?
3. Wie soll damit gearbeitet werden (z.B. Stichpunkte zu einem Thema innerhalb von 10 Minuten aufschreiben)?
4. Wie lassen sich die Ergebnisse sortieren (z.B. Ordnung nach ähnlichen Antworten)?
5. Wie stellen wir die Karten vor (jede Karte einbeziehen und Überblick herstellen)?
6. Welche Fragen sollten wir intensiver diskutieren (*Schwerpunkte* festlegen)?

Wir feiern ein Familienfest – eine Projektskizze

1 Ideen für die Gestaltung einer Feier

„Guten Tag! Haben Sie ein wenig Zeit?
Für ein Schulprojekt interessiert uns das Thema: Feiern im Kreis der Familie. Dazu sammeln wir Meinungen und Erfahrungen von Menschen verschiedener Altersgruppen.
Verraten Sie uns, wann Sie besonders froh mit der Familie und Freunden gefeiert haben?"

- Planung und Durchführung eines Projektes
- Präsentation der Arbeitsergebnisse
- Reflexion des persönlichen Lernens

„Als Deutschland Vize-Meister wurde."

„Als mein großer Bruder den Führerschein gemacht hat."

„An meinem ersten Schultag."

„Bei meiner Hochzeit."

„An meinem Geburtstag."

„Als meine Mutter 70 Jahre wurde."

▶ **Leitauftrag** Gewinnt Ideen für die Gestaltung eines Familienfestes.

Im Familienalbum geblättert
Schüler brachten zur Vorbereitung ihres Projekts „Familienfest" alte Fotos mit. Sie erzählten dazu:

Pascal: „Als mein Bruder in die fünfte Klasse kam, haben die Eltern der Klasse ein Fest im Wald organisiert."

Carlo: „Mein Vater wurde 40. Er hat seine Kollegen eingeladen und sie haben ihn mit lustigen Spielen überrascht."

B Auf einen Blick

Ihr grenzt eure Projektaufgabe ein und schreibt Ideen der Gestaltung eines Projekts auf.

Ihr setzt Ideen zur Bewirtung im Team um.

Ihr wertet das Sachergebnis aus und reflektiert die Zusammenarbeit.

Ihr präsentiert eure Ergebnisse und gebt einander Feedback.

2 Wir planen den vierzigsten Geburtstag eines Elternteils

Methoden anwenden

Informiert euch über die Methode Projektarbeit (Seite 49). Dort erhaltet ihr Hinweise zur Bedeutung, zu Zielen sowie der Planung, Durchführung und Auswertung. Für unsere Vorhaben ist zu Beginn wichtig, Ideen zur Gestaltung zu gewinnen.

Ideen produzieren mithilfe der Kartentechnik

Kreativität ist eine Fähigkeit, neue Ideen zu entwickeln oder etwas Neues zu gestalten.
Die Kartentechnik kann dabei helfen. Dazu sollte jeder spontan Ideen ohne irgendeine Bewertung nennen können. Nichts ist gut, nichts ist schlecht – alles wird aufgeschrieben und an die Wandtafel geheftet. Jede Idee dient zur Anregung weiterer Ideen. Spinnen und Fantasieren ist erlaubt und notwendig. Ungewöhnliches bringt neue Ideen hervor.

Die Klasse 5 hat diese Technik erfolgreich bei ihrem Projekt genutzt.
Die folgenden Arbeitsschritte waren wichtig:

1. Schritt: Ideen sammeln – Kartentechnik nutzen

Die Schüler nutzen die Kartentechnik. Das Thema steht für alle sichtbar an der Wandtafel. Jeder Schüler erhält 5–10 Kärtchen (DIN-A6) und schreibt auf jedes Kärtchen kurz und knapp gut lesbar mit dickem Filzstift einen Einfall zum Thema.
Alle schauen sich die Ideen ruhig an.

2. Schritt: Aspekte ordnen

Die Schüler gliedern ihre Einfälle an einer Wandtafel nach den Gesichtspunkten:

- **Essen**
  Schokoladenkuchen, Eisbombe, Grillwürste, viele Salate, Eintopf, Obstsalat
- **Getränke**
  Bier für die Erwachsenen, Cola, leckere Mixgetränke
- **Schmücken**
  Luftballons, Tischschmuck basteln, Tischkarten anfertigen, Blumen
- **Zusammensein**
  tanzen, mit vielen Leuten reden, gute Laune, lustige Reden, Musik, singen
- **Arbeit zur Festvorbereitung planen**
  viel einkaufen, Geld sparen

3. Schritt: Arbeitsgruppen bilden und Informationen sammeln

Die Schüler bilden folgende Gruppen:

Gruppe 1
Preisvergleich beim Einkauf von Getränken
Die Gruppe will einen Preisvergleich bei Getränken durchführen. Die Eltern sollen später über das Ergebnis informiert werden.
Die Gruppe entscheidet, Apfelsaft, Orangensaft und Ananassaft zu untersuchen.

Gruppe 2
Entwurf von Tischkarten
Die Gruppe einigt sich darauf, dass jedes Mitglied zwei oder drei Entwürfe anfertigt. Sie will dazu am PC Programme zur *Textverarbeitung* und *Bildbearbeitung* nutzen.

Gruppe 3
Mixgetränke herstellen
Die Gruppe sammelt zunächst Rezepte für Mixgetränke – bei den Eltern, in der Nachbarschaft und im Internet. Anschließend probiert sie einige Rezepte aus. Zutaten bringt jeder von zu Hause mit.

Gruppe 4
Obstsalate herstellen
Die Gruppe sammelt zunächst Rezepte für Obstsalate. Dann erkundigte sie sich, welches Obst in der Jahreszeit preiswert ist, denn der Preis sollte stimmen.
Anschließend probiert die Gruppe Rezepte aus. Zutaten werden von zu Hause mitgebracht. Einige Rezepte werden verändert und Ideen für neue Rezepte entwickelt.

Gruppe 5
Arbeit zur Festvorbereitung planen
Die Gruppe beschließt, zunächst Eltern, Verwandte und Nachbarn über ihre Erfahrungen bei der Planung von Festen zu befragen.
Als Ergebnis hält die Gruppe Folgendes fest:

- Ein Fest muss rechtzeitig geplant werden. Es fängt damit an, dass überlegt werden muss, wie viele Gäste eingeladen werden sollen. Von der Zahl der Gäste kann es auch abhängen, ob das Fest zu Hause oder in einer Gaststätte gefeiert werden soll. Evtl. kann auch ein Raum angemietet werden.
- Es ist wichtig zu überlegen, wie viel Geld das Fest kosten darf. Es kann sinnvoll sein, ein Fest langfristig zu planen und Geld zu sparen. Vielleicht entscheidet sich eine Familie dafür, anstelle einer Urlaubsreise mit vielen Gästen zu feiern.
Die Beteiligung der Kinder ist bei diesen Fragen wichtig.
- In der Woche vor dem Fest ist viel zu tun – vor allem dann, wenn das Fest zu Hause gefeiert wird. Hierfür ist es wichtig, einen Arbeitsplan zu entwerfen. Alle Familienmitglieder müssen möglichst genau wissen, was jede Person zu tun hat.

3 Durchführung des Projekts

Die Kleingruppen erledigen ihre Aufgaben

Die Schüler einigten sich auf folgende Vorgaben:

- Es werden 40 Gäste eingeladen – 8 Kinder unter 14 Jahren.
- Das Fest findet zu Hause statt. Im Garten kann ein kleines Zelt, das man mieten kann, aufgestellt werden.
- Alle Gäste wohnen in derselben Stadt und können bei sich zu Hause übernachten.

Die fünf Gruppen legen ihre Aufgaben fest und heften sie an die Pinnwand. So ist für alle sichtbar, was jede Gruppe zu tun hat.

Gruppe 1
Einkauf von Säften

- *Erkundungsbogen für einen Preisvergleich von Apfelsaft, Orangensaft und Ananassaft entwickeln,*
- *Erkundung durchführen,*
- *Ergebnisse notieren*

Gruppe 2
Tischkarten entwerfen

Entwürfe für Tischkarten anfertigen – für einen 40. Geburtstag und für andere Feiern

Gruppe 3
Mixgetränke ausprobieren

Rezepte für alkoholfreie Mixgetränke sammeln, einzelne Rezepte ausprobieren und evtl. verändern sowie die besten drei vorschlagen

Gruppe 4
Obstsalate ausprobieren

Rezepte für Obstsalate sammeln, einzelne Rezepte ausprobieren und verändern, die besten drei vorschlagen

Gruppe 5
Arbeit planen

Eltern, Verwandte und Nachbarn befragen, Planungsaspekte beschreiben und Zeitplan entwickeln

Rezepte für verschiedene alkoholfreie Säfte

Sportsfan
(Angaben pro Glas)
8 cl Ananassaft
8 cl Grapefruitsaft
1 cl frisch gepresster Zitronensaft
1 reife Banane
Alle Zutaten im Mixer mixen, Eiswürfel nach Wahl zugeben.
1 cl = 10 ml = 0,01 Liter

Alice
(Angaben pro Glas)
8 cl Orangensaft
8 cl Ananassaft
2 cl Grenadinesirup
2 cl Sahne
Alle Zutaten im Mixer mixen, Eiswürfel nach Wahl zugeben.

Car Driver
10 cl Orangensaft
6 cl Ananassaft
2 cl frisch gepresster Zitronensaft
2 cl Maracujasirup
Alle Zutaten im Mixer mixen, Eiswürfel nach Wahl zugeben.

Rezepte für leckere Obstsalate

Obstsalat im Sommer
(Angaben für 4 Personen)
250g Kirschen, 259g Erdbeeren, 250g Himbeeren, 1 Zitrone, 20g Zucker
Obst waschen, entstielen bzw. entsteinen, halbieren und vorsichtig mischen.
2 Esslöffel Zitronensaft und 20g Zucker verrühren und über das Obst geben.

Obstsalat im Winter
(Angaben für 4 Personen)
4 Äpfel, 4 Apfelsinen, 3 Bananen, 2 Kiwi,
1 Zitrone, 20g Zucker,
150g gehackte Nüsse oder Mandeln
Obst waschen, entstielen bzw. entsteinen, halbieren und vorsichtig mischen.
Gehackte Nüsse oder Mandeln kurz vor dem Servieren zugeben. Dazu die Nüsse in einer Pfanne ohne Fett rösten.

Gliederung des Zeitplans

Arbeiten, die schon in den letzen zwei bis drei Wochen vor dem Fest erledigt werden können:
z.B. Tischkarten herstellen, Tischschmuck basteln (ohne frische Blumen), Getränke kaufen, Eis für den Tiefkühlschrank kaufen, bei Nachbarn fragen, wer Stühle leihen kann

Arbeiten, die ein bis zwei Tage vor dem Fest erledigt werden können:
z.B. Grillwürste kaufen, putzen, Eintopf vorbereiten, Kuchen backen

Arbeiten, die noch am Festtag erledigt werden müssen:
z.B. frisches Brot, Gemüse und Obst kaufen, Säfte mixen, Salate zubereiten

Erkundungsbogen für den Preisvergleich von Säften
Fruchtgehalt 100%, 1 Liter

herkömmliche Säfte	Geschäft A Preis	Geschäft B Preis	Geschäft C Preis	Geschäft D Preis
Apfelsaft Marke	■	■	■	■
Grapefruitsaft Marke	■	■	■	■
Apfelsinensaft Marke	■	■	■	■
Ananassaft Marke	■	■	■	■

4 Präsentation und Auswertung der Ergebnisse

Schlussbesprechung der Projektgruppen

Sandra berichtet über den 40. Geburtstag ihrer Mutter:

„Meine Mutter hat sich riesig über die zwei Getränke, die wir zur Begrüßung der Gäste zubereitet haben, gefreut. Das war eine Überraschung. Wir haben nur gesagt, dass wir dafür etwas vorbereiten. Damit hatte sie nicht gerechnet. Zur Dekoration haben wir Zitronen- und Apfelsinenscheiben an die Gläser gesteckt. Das sah cool aus.

Wir haben den *Sportsfan* und den *Car Driver* ausgewählt. Manche Gäste konnten es kaum glauben, dass mein Bruder Tim und ich das gemacht haben. War gar nicht schwer.
Die Ergebnisse vom Preisvergleich für die Säfte haben wir sofort unseren Eltern mitgeteilt. Die fanden das richtig gut.

Die Tischkarten hat mein Vater am PC angefertigt. Wir haben ihm die Ideen von der Gruppe mitgeteilt. Das fand er gut. Er hat sich dafür entschieden, ein Foto von unserer Mutter einzuscannen."

Ergebnisse werden Eltern und Mitschülern vorgestellt

Den nächsten Elternabend nutzt die Klasse, um ihre Projektergebnisse den Eltern vorzustellen. Die erprobten Säfte wurden zum Kauf angeboten. Bei 50 Cent pro Glas blieb sogar noch Geld für die Klassenkasse übrig.

Wer Interesse an Rezepten für Obstsalate und Saft hatte, konnte diese auf einem schön gestalteten Infoblatt mitnehmen.

Auf einer Wandzeitung mit Fotos und erklärenden Texten zu den Stationen während der Projektarbeit war alles dokumentiert. Diese wurde nach dem Elterabend in der Pausenhalle für Interessierte aufgehängt.

Zur Gestaltung einer Wandzeitung

Diese wird aufmerksam gelesen, wenn sie informativ und übersichtlich gestaltet ist.

- Wie groß müssen Schrift und Fotos sein?
- Wie wählen wir die Farben?
- Soll etwas unterstrichen oder eingerahmt werden?
- Wie viel Text, wie viele Fotos sind günstig?
- Welcher farbige Hintergrund ist sinnvoll?

Auswertung

(siehe Methode Projektarbeit, S.49)

Partyservice und Feiern außer Haus

Zur letzten Frage (S.49) kamen von drei Schülern Ideen, die Bewirtung der Gäste für ein Fest ganz anders zu organisieren. Sie berichteten:

Nico: „Meine Großmutter hat im Sommer ihren 60. Geburtstag in einer Gaststätte gefeiert. Sie wollte nicht, dass ihre beiden Töchter und sie selbst Stress mit den Vorbereitungen haben. Außerdem ist ihre Wohnung zu klein für alle Gäste. Sie hatte jahrelang für das Fest gespart. Alle waren sehr zufrieden."

Maren: „Unsere Nachbarn haben zur Silberhochzeit einen Partyservice geordert. Sie wollten zu Hause feiern, aber nicht so viel Arbeit haben. Für Tischschmuck und Getränke sorgten sie selbst."

Nadja: „Ich würde gerne mal wissen, wie teuer so ein Partyservice ist. Wir könnten eine Erkundung bei zwei oder drei Betrieben durchführen und die Preise vergleichen."

5 Weiterführendes Material

M1 Berufskunde Koch/Köchin

Sie bereiten Gerichte zu und richten sie an. Nachdem sie einen Speiseplan aufstellen, kaufen sie Lebensmittel und Zutaten ein, bereiten sie vor oder lagern sie ein. Sie organisieren die Arbeitsabläufe, damit die Speisen rechtzeitig und in der richtigen Reihenfolge fertiggestellt werden. In kleineren Küchen kochen, braten, backen und garnieren sie alle Gerichte selbst. In Großküchen sind sie meist spezialisiert, etwa auf Beilagen, Salate oder Fisch und Fleischgerichte. Zu ihren Aufgaben gehört, Preise zu kalkulieren und Gäste zu beraten.

Köche und Köchinnen arbeiten in Restaurants, Hotels, Kantinen, Krankenhäusern, Pflegeheimen und Catering-Firmen. Verantwortungsbewusstsein ist bei der Arbeit mit Lebensmitteln von besonderer Bedeutung. Damit die Qualität der Speisen stimmt, müssen die Zutaten sorgfältig ausgewählt und frisch sein. Hygienevorschriften sind zu beachten. Belastbarkeit ist wichtig, da auch in Stoßzeiten und trotz Lärm und Hitze zuverlässig und sorgfältig zu arbeiten ist.

http://berufenet.arbeitsagentur.de/berufe/docroot/r2/blobs/pdf/bkb/3726.pdf

▲ Speisen zubereiten

▲ Vorbereitung zur Essensausgabe im Kasino

▲ Lagerraum kontrollieren

▲ Speiseplan erstellen

Alles klar?

Tischlerei Höper produziert Wärmeschutzfenster

1 Begründe, warum Handarbeit teilweise durch Maschinenarbeit abgelöst wird.

2 Nenne notwendige Produktionsfaktoren für die Fertigung einer Holztür.

3 Begründe für die Fensterfertigung (S. 28 ff.) die Reihenfolge der Produktionsschritte.

4 Begründe die Bedeutung des Gesundheitsschutzes bei der Arbeit.

5 Was muss ein selbstständiger Unternehmer alles entscheiden?

6 Begründe, warum Unternehmen ausbilden.

7 Was bewirkt das gedämmte Fenster?

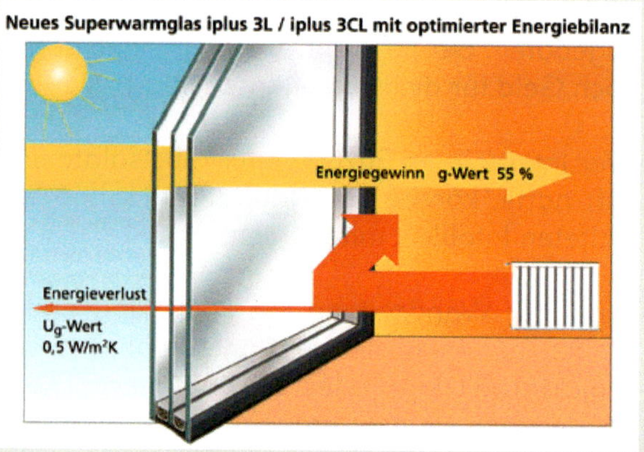

Der U-Wert ist der → Wärmedämmwert für die → Wärmeschutzverglasung.

Quelle: Interpane, www.interpane.net/Archiv-5-2-100.Neues_Superwarmglas.html

Methode Projektarbeit

1 Darum geht es

In Projekten könnt ihr lernen, selbstständig zu handeln. Dies ist wichtig im Beruf und im Privatleben. Ihr plant ein Vorhaben mit anderen, führt es durch und wertet es aus.

2 So läuft es ab

Planung

Ziele festlegen. Dabei klären,
- was ihr erreichen und dabei lernen wollt,
- wie viel Zeit zur Verfügung steht.

Um Ideen zu sammeln und eine Entscheidung zu treffen, nutzt die Kartenabfrage (siehe S. 41).

Oft ist z. B. ein bestimmter Fachraum wichtig. Bedenkt auch, wobei ihr Unterstützung braucht (Zusammenarbeit mit anderen Lehrern und Klassen, Betrieben, Behörden und Verbänden).

Entwickelt einen Plan mit wichtigen Schritten und zum Zeitbedarf. Bestimmt Teilaufgaben und wer bzw. welche Gruppen dafür zuständig sind. Während der Planung wird deutlich, was ihr noch lernen müsst, z. B. zu Techniken der Beschaffung von Informationen, ihre Dokumentation und Auswertung (Methoden: Umgang mit Statistiken und Schaubildern, siehe S. 123, Befragungen durchführen und auswerten, siehe S. 109, Protokolle anfertigen, Plakate gestalten).

Bei Bedarf weitere Fächer einbeziehen, z. B. Deutsch (Briefe schreiben, Texte gestalten), Kunst (Gestaltung einer Präsentation) oder Mathematik (Statistiken erstellen/auswerten).

Klärt bereits bei der Planung,
- wie ihr das Ergebnis und den Ablauf der Arbeit der Gruppen auswerten und beurteilen wollt (siehe auch Methode Gruppenarbeit, S. 40 f.),
- wie ihr die Ergebnisse notiert,
- wem die Projektergebnisse wie vorgestellt werden sollen (z. B. anderen Klassen, Eltern).

Durchführung

Für die Steuerung des Ablaufs können neben dem Lehrer auch Schüler wichtig sein. Dazu zählt z. B. der Umgang mit Schwierigkeiten, die Änderungen im Plan erfordern.

Auswertung

Bedenkt eure Ziele und auch die Zusammenarbeit:
- Stimmen die Ergebnisse mit euren Zielen überein? Seid ihr eher zufrieden oder unzufrieden? Begründet.
- Wie wurden Arbeits- und Informationstechniken genutzt?
- Wie schätzt ihr die Gruppenarbeit ein?
- Wie habt ihr Vereinbarungen eingehalten?
- Was habt ihr gelernt?
- Was hat euch an der Begleitung durch den Lehrer gefallen bzw. nicht gefallen? Warum?
- Was hat eurem Lehrer bei eurer Begleitung gefallen/nicht gefallen? Warum?
- Wie lassen sich das Erreichte und Probleme veranschaulichen (z. B. Wandzeitung)?
- Was würdet ihr bei einer Wiederholung des Projektes verändern?

Arten von Maschinen

1 Was Maschinen können

In den Betrieben, auf den Straßen, in der Freizeit, überall umgeben uns Maschinen.
Mit vielen von ihnen kann eine Arbeit verrichtet werden. Mit ihnen wird beispielsweise gebohrt oder gesägt, Teig geknetet oder genäht. Diese Maschinen bezeichnen wir als **Arbeitsmaschinen**.

Andere Maschinen transportieren Gegenstände über Entfernungen. Dies kann auf Straßen, zu Wasser oder in der Luft geschehen, aber auch in einem Gebäude von Etage zu Etage. Maschinen, die diese Funktion ausführen, nennt man **Transportmaschinen**.

Weiterhin gibt es Maschinen, die die Aufgabe haben, Energie umzuwandeln. Energie liegt in Form von Muskelkraft, Feuer, Wasser, Wind, Kohle, Holz, Öl oder Erdgas vor. Hier sprechen wir von **Energiewandlungsmaschinen**.

Wieder andere Maschinen speichern, verarbeiten und übertragen Informationen, nehmen diese auf und geben sie aus. Dies sind die **informationsverarbeitenden Maschinen**.

▸ **Leitauftrag** Welche Maschinen stehen bei euch im Werkraum und zu Hause? Ordnet sie der richtigen Maschinenart zu.

Arten der Maschinen

Arbeitsmaschinen	Transportmaschinen	Energiewandlungsmaschinen	Informationsverarbeitende Maschinen
Bohrmaschine	Auto	Windkraftanlage	Computer
Kreissäge	Schiff	Gasturbine	Handy
Küchenmaschine	Flugzeug	Mikrowelle	Gameboy

B **Auf einen Blick**

Ihr unterscheidet verschiedene Arten von Maschinen.

Ihr begründet Vor- und Nachteile des Einsatzes von Maschinen.

Ihr erläutert Erfindungen, mit denen Maschinen verbessert wurden.

Ihr kennt Funktionseinheiten von Maschinen.

Ihr plant ein technisches Experiment, führt es durch und wertet es aus.

2 Wann lohnt sich der Einsatz einer Maschine?

Ein Gespräch im Technikunterricht

JENS: „Das Schlüsselschild haben wir schnell hergestellt. Dazu konnten wir unsere Werkzeuge nutzen: Feinsäge und Schlichtfeile."

BIRGIT: „Das sagst du! Ich kann noch nicht so genau arbeiten. Weshalb nehmen wir nicht die Dekupiersäge? Bei dieser Maschine musste ich beim letzten Werkstück nur das Sperrholz genau führen. Das war einfacher als per Hand zu sägen!"

JENS: „So ein Aufwand!"

BIRGIT: „Aber die Maschine ist doch da. Extra eine kaufen würde ich für unser Werkstück nicht. Aber was hältst du davon, wenn ich das Schlüsselschild für dich und mich säge? Dann kannst du die Teile weiterbearbeiten."

JENS: „Das geht schneller, stimmt! Außerdem tat mir letztens die Hand nach dem Sägen mit der Feinsäge weh."

BIRGIT: Weil wir so Zeit sparen, können wir auch für unsere Lehrer Schlüsselschilder herstellen."

Was Maschinen leisten

Maschinen umgeben uns in allen Lebensbereichen. Sie sind von Menschen erdacht und konstruiert. Ihr Einsatz bringt zahlreiche Vorteile. Stellt euch vor, dass heute noch alles mit Muskelkraft gefertigt werden müsste. Maschinen haben eine hohe Leistungsfähigkeit, sie arbeiten effektiv. Maschinen sind in der Lage, exakter als der Mensch zu fertigen. So ist eine Genauigkeit von einem hundertstel Millimeter vom Menschen nicht erreichbar. Diese präzise Fertigung ermöglicht auch zahlreiche neue technische Geräte und Verfahren.
Gleichzeitig wird durch die Maschinen die körperliche Belastung des Menschen bei der Arbeit verringert. Gefährliche und eintönige (monotone), ermüdende Tätigkeiten können von Maschinen übernommen werden.
Allerdings kosten Maschinen und die dafür benötigte Energie Geld. Unternehmen müssen deshalb planen, wo sich Maschinen lohnen.
Die Entwicklung zeigt aber, dass immer mehr menschliche Arbeitskraft durch Maschinen ersetzt wird. Damit liegen Vor- und Nachteile des Maschineneinsatzes dicht beieinander.

▲ Industrieroboter in der Automobilindustrie

A

Aufgaben

1 Welche Vorteile bringt Jens und Birgit der Einsatz einer Maschine? Welche Bedenken gibt es beim Einsatz von Maschinen?

2 Findet Antworten auf die Frage der Überschrift.

3 Sprecht mit einem selbstständigen Handwerker in eurer Nähe. Welche Maschinen besitzt er in seinem Betrieb?
Unter welchen Bedingungen schafft er neue Maschinen an?

3 Erfindungen, die Maschinen effektiver machen

Das Prinzip der Optimierung

Eine Maschine wird nicht einmal erfunden und bleibt danach ständig unverändert. Gleich bleibt nur das Grundprinzip. Sicher habt ihr am Beispiel des Computers schon festgestellt, dass nach kurzer Zeit Modelle mit verbesserter Technik angeboten werden. Diesen Vorgang nennt man **Optimierung**. Er ist ein generelles Wesensmerkmal der Technik.

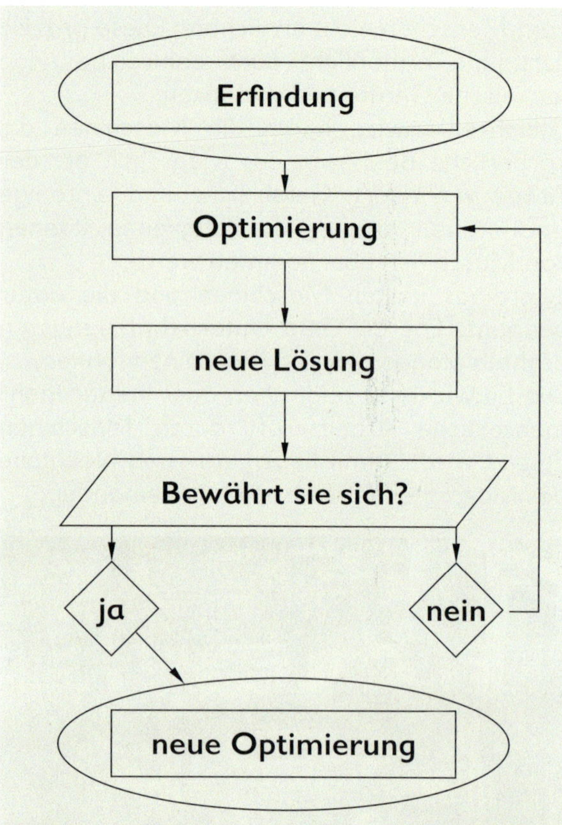

Seit der Mensch mit Werkzeugen hantiert, hat er das Bedürfnis entwickelt, diese zu optimieren. Schon kurz nach der Erfindung des ersten Werkzeugs, des Faustkeils, war der Mensch um Verbesserung bemüht und versuchte das Werkzeug effektiver zu machen. Das Befestigen eines Stiels ließ die erste Steinaxt entstehen. Gleichzeitig wurde auch das Prinzip des Hebels genutzt. Rad, Seilzug und geneigte Ebene sind weitere Entdeckungen, die die Kraftwirkung einer Maschine verbesserten.

Optimierung des Antriebs

Der entscheidende Schritt in der Entwicklung der Maschinentechnik war immer die Art, in der Maschinen angetrieben wurden. Anfangs stand dazu nur die Muskelkraft des Menschen zur Verfügung. Später ersetzte man sie durch die Muskelkraft von Tieren. Sie zogen und hoben Lasten. Dafür war eine besondere Vorrichtung nötig, ein sog. Göpel. Eine vertikale Hauptwelle wird durch lange Hebel in Bewegung gesetzt.

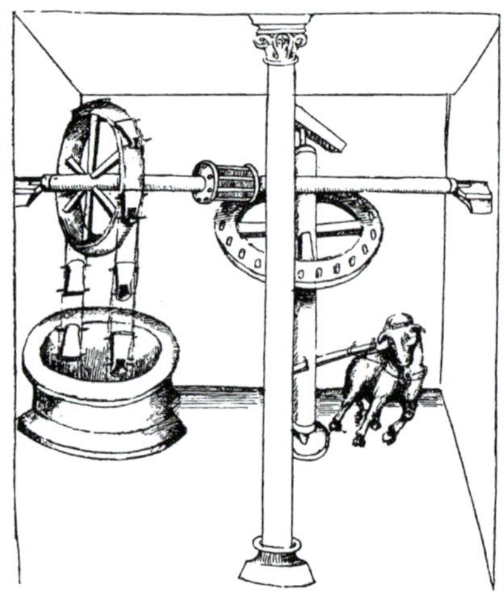

◂ Göpel mit Transmissionsanlage

Auch die Kraft des Wassers wurde zum Antrieb genutzt. In der Mühlentechnik und im Bergbau fand diese Form Anwendung. Mühlen wurden auch mit Windkraft angetrieben, was seit dem 12. Jahrhundert in Europa genutzt wurde.

Maschinen mit Dampfantrieb

Die natürlichen Antriebskräfte besaßen den Nachteil, dass sie nicht dauerhaft mit gleich bleibend hoher Wirkung zur Verfügung standen. Das schaffte erst die Dampfmaschine, als deren Vater James Watt (1736–1819) gilt.

Mithilfe des Dampfantriebes gelang eine rasante Entwicklung in der technischen Produktion.

Anwendungsbeispiele fanden sich vor allem in der Textilindustrie, dem Bergbau und dem Transportwesen.

Robert Fulton konstruierte 1807 das erste Dampfschiff, und 1830 eröffnete George Stephenson die erste Personendampfeisenbahnstrecke der Welt von Liverpool nach Manchester.

Durch Dampfantrieb wurden in Fabriken ganze Abteilungen von Werkzeugmaschinen angetrieben, z.B. in der Weberei. Die Kräfte wurden dabei mittels Transmissionen übertragen.

Entdeckung mobiler Antriebsformen

Die Entdeckung des Generatorprinzips, d.h. die Umwandlung mechanischer Energie in elektrische Energie, durch Werner von Siemens im Jahre 1866 gab der Maschinenentwicklung einen neuen Impuls. Elektrischer Strom konnte jetzt u.a. durch die Erfindung des Elektromotors genutzt werden.

Für Transportmaschinen wurde mit dem Verbrennungsmotor ein geeigneter Antrieb entwickelt. Jeder Antrieb von Maschinen benötigt Energie und diese ist knapp und teuer. Heute forscht man an energiesparenden, wirkungsvollen Antriebsformen. Dazu gehören die Brennstoffzelle und der Solarantrieb.

Von der Maschine zum Automaten

Die Maschinen wurden automatisiert, d.h., sie übernahmen die Steuerung von Teilprozessen nach vorgegebenen Programmen selbst.
Heute haben Computer die Steuerungsaufgaben bei zahlreichen Maschinen übernommen. Diese Maschinen werden Automaten genannt.

A

Aufgaben

1 Sucht im Text nach Beispielen für die Richtigkeit der folgenden Aussage: „Die Verbesserung des Antriebs einer Maschine war immer der Ausgangspunkt für weitere technische Entwicklungen."

2 Hebel, Rad, Seilzug und geneigte Ebene nutzen die Menschen seit Jahrtausenden. Findet Beispiele, wo diese Prinzipien noch heute an Maschinen genutzt werden.

3 Wenn Computer Maschinen steuern, gibt es vielleicht irgendwann Computer, die selbst Maschinen erfinden.
Geht so etwas? Welche Gefahren lägen darin begründet?

4 Wege zu leistungsfähigen Bohrmaschinen

Dampfantrieb und Elektromotor verbesserten die Bohrergebnisse

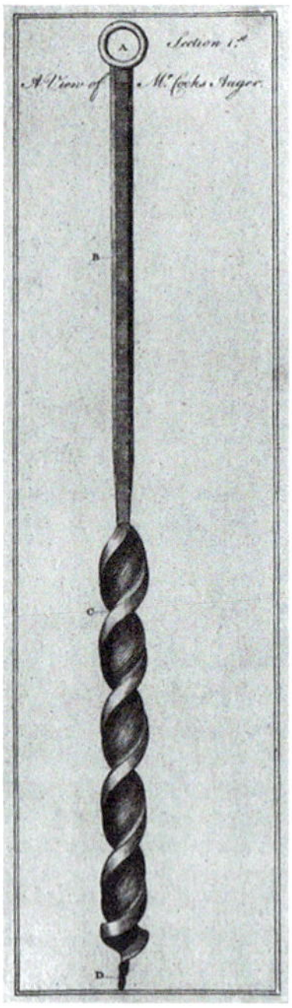

Die Erfindung der Dampfmaschine und der Transport der Drehbewegung über Transmissionen erbrachten neue Möglichkeiten zur Bearbeitung der Werkstoffe durch Bohrungen. Die Maschinen besaßen zur Weiterleitung der Drehbewegung und effektiveren Kraftnutzung teilweise erste Getriebe.

Ein technisches Problem der damaligen Maschinen war das Entfernen der Bohrspäne aus dem Bohrloch.

Um 1800 trat der Spiralbohrer, der in seiner Spannut die Späne aus dem Werkstück herausführt, seinen Siegeszug um die Welt an.

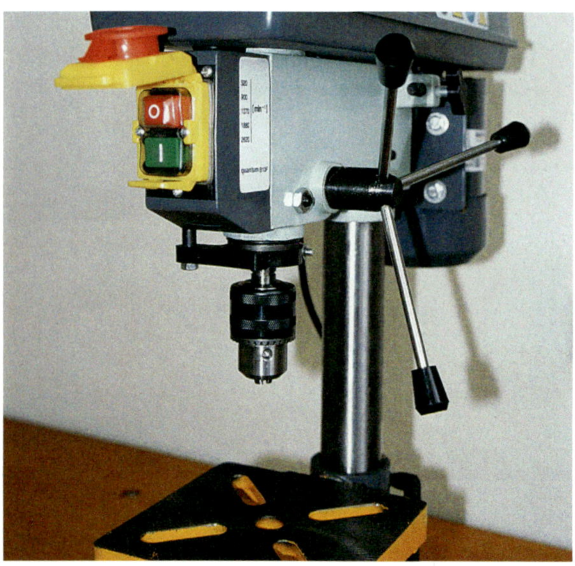

Der Elektromotor ermöglichte als neue Antriebsform einen noch effektiveren Antrieb und eine Leistungsverbesserung der Bohrmaschine.

Die rasante Technikentwicklung des 20. Jahrhunderts brachte mit der Mehrganghandbohrmaschine, der Schlagbohrmaschine, und dem Akkubohrschrauber verbesserte Maschinen.

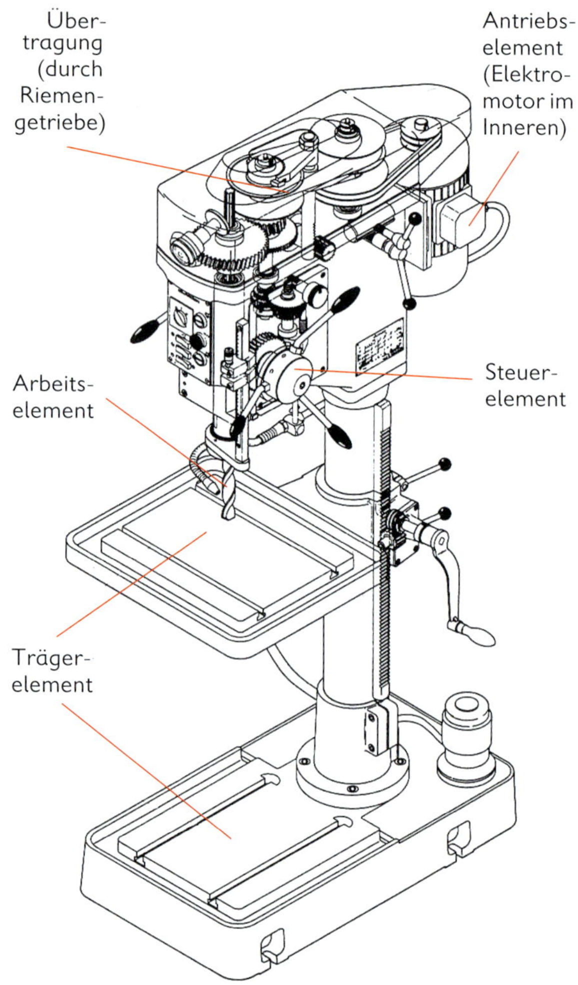

A Aufgaben

1 Welche Bedeutung hatten die Verbesserungen des Antriebs bzw. der Antriebsformen bei der Bohrmaschine?

2 Vollzieht das Prinzip eines Getriebes mithilfe der Zeichnung nach.

3 Benennt Nutzungsmöglichkeiten für Arten von Bohrmaschinen.

Methode Technisches Experiment

1 Darum geht es

Mit einem Experiment könnt ihr durch Untersuchungen mehr über technische Sachverhalte erkennen und verstehen. Dazu müsst ihr Regeln und einen bestimmten Experimentierverlauf einhalten. So wird es möglich, bei der Wiederholung des Experiments zu gleichen Ergebnissen zu kommen. Durch Experimentieren könnt ihr

- Eigenschaften von Werkstoffen entdecken,
- Lösungen für technische Probleme finden und überprüfen sowie
- Schlussfolgerungen für die konkrete Anwendung der gewonnenen Erkenntnisse ziehen.

◄ Der Physiker Galilei (1564–1642) entwickelte die experimentelle Methode, um eine Vorhersage zu bestätigen. Die gleichmäßig beschleunigte Bewegung beschäftigte Galilei viele Jahre lang. Seine experimentelle Neuerung bestand in der Verwendung der schiefen Ebene, um die Fallgesetze zu studieren.
Hier lässt er eine Kugel über eine schwach geneigte Ebene rollen, um die verlangsamte Fallbewegung zu bestätigen.

2 Regeln für das Experimentieren

- Geht immer nach einem Plan vor.
- Beobachtet genau.
- Messt, zeichnet und notiert die Ergebnisse exakt.
- Befolgt notwendige Sicherheitsbestimmungen.
- Beschreibt eure Beobachtungsergebnisse und zieht Schlussfolgerungen.
- Verlasst den Experimentierplatz ordentlich und entsorgt die Abfälle.

3 So läuft es ab

Vor Beginn des Experiments bekommt ihr Informationen zum Ablauf und zu den benötigten Mitteln, die unbedingt berücksichtigt werden müssen.

Formulieren einer Problemstellung
Der Zweck des Experiments wird verdeutlicht und es wird auf technische Bedingungen verwiesen.

Aufstellen einer Vermutung (Hypothese)
Welches Ergebnis des Experiments haltet ihr für wahrscheinlich?

Planen des Experimentieraufbaus
Was wird benötigt? Wie wird man vorgehen? Das Erfassen der Ergebnisse wird vorbereitet (Protokoll).

Durchführung des Experiments
Bestimmte Tätigkeiten werden durchgeführt, Beobachtungen gemacht und notiert sowie Messwerte aufgenommen. Dazu sind Regeln und ein bestimmter Experimentierverlauf einzuhalten. Dies führt bei der Wiederholung des Experiments zu gleichen Ergebnissen.

Auswertung
Vergleichen von Ergebnissen. Rückschlüsse ziehen zur getroffenen Vermutung und Formulieren von Erkenntnissen.

Anwenden der Ergebnisse
Bedeutung der gewonnenen Ergebnisse für die Praxis klären.

4 Ein Beispiel: Konstruktion der Größe der Stirnräder beim Kran

Eine Schülergruppe hat den Auftrag, eine Seilwinde zu konstruieren, die mit möglichst geringem Kraftaufwand Lasten heben kann. Sie verwendet dazu einen Modellbaukasten, den die Schule zur Verfügung stellt. Da die **Wellen** nahe beieinander liegen, wird zur Kraftübertragung ein Stirnradgetriebe verwendet.

Die **Problemstellung** ist: Kann mit unterschiedlich großen Stirnrädern die Kraftwirkung des Getriebes einer Seilwinde verändert werden?

Als **Hypothese** vermuten die Schüler, dass ein kleineres Stirnrad auf der Antriebswelle die Kraftwirkung verbessert, da dies bei anderen Geräten ebenso ist.

▲ Die Bauteile, die für das Experiment benötigt werden, können auch mit Experimentierbaukästen schnell erstellt werden. Häufig enthalten diese Baukästen auch Material für verschiedene Versuchsanordnungen.

Planen des Experimentieraufbaus und des Ablaufs

- Festlegung der Stirnradkombinationen auf der Antriebswelle und der Arbeitswelle.
- Bau der einzelnen Versuchsanordnungen und schriftliches Festhalten der Größen.
- Messen der Kraftwirksamkeit bei der jeweiligen Kombination durch Heben eines Gewichts. Festhalten der Werte in einem Protokoll.

An dem Modell wird experimentiert, indem ein Gewicht mit unterschiedlichen Stirnradkombinationen gehoben wird. Das wird in einem Protokoll entsprechend festgehalten.

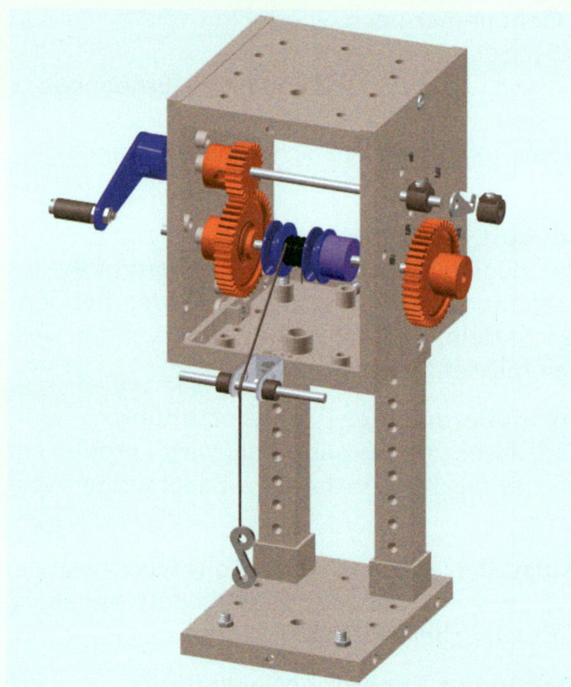

Auswertung

Das kleinste Stirnrad auf der Antriebswelle und das größte auf der Arbeitswelle sind die kraftwirksamste Kombination.

Anwenden der Ergebnisse

Bedeutung für z.B. einen Baukran erheben.

Der Computer – eine informationsverarbeitende Maschine

1 Wozu sind Computer gut?

Mit der Erfindung programmierbarer Rechenmaschinen hatten die Menschen ein Werkzeug, das ihre Gehirnleistung verbessern konnte.

Die ersten → Computer waren große Rechenmaschinen, die nur die vier Grundrechenarten beherrschten. In kurzer Zeit steigerte sich die Leistungsfähigkeit dieser Maschinen. Gleichzeitig verkleinerte sich ihre Gestalt.

Bei sinkenden Preisen verbreiteten sich diese nützlichen Werkzeuge in Betrieben und privaten Haushalten.

Computer verbessern die Gehirnleistung. Sie ermöglichen exakte Arbeitsergebnisse, z.B. bei der Mediengestaltung. ▼

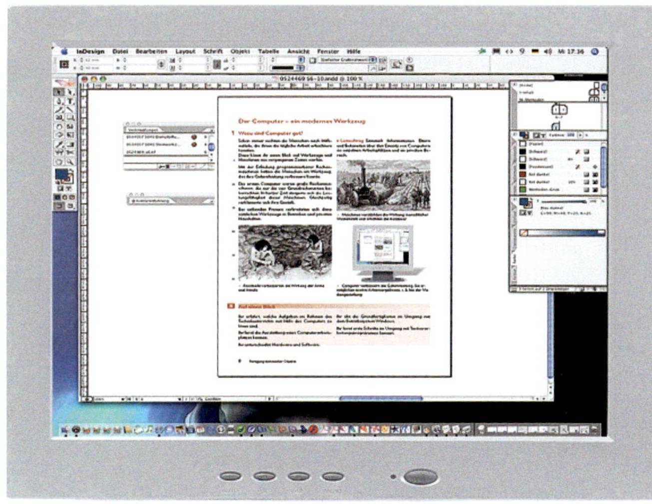

▸ **Leitauftrag** Sammelt Informationen bei euren Eltern und Bekannten über den Einsatz von Computern an Arbeitsplätzen und im privaten Bereich.

B **Auf einen Blick**

Ihr begründet die Ausstattung eines Computerarbeitsplatzes.

Ihr erklärt Hardware und Software.

Ihr erläutert, was Textverarbeitungsprogramme können. Ihr bindet Grafiken und Tabellen in Texte ein und formatiert Texte.

Ihr gestaltet ein Protokoll am PC mit einem Textverarbeitungsprogramm.

2 Der Computerarbeitsplatz

Das können Computer

Der Computer ist ein Werkzeug, mit dem ihr Informationen verarbeiten und auch weiterleiten könnt. Damit der Computer diese Informationen aufnehmen kann, müssen sie in eine Sprache gebracht werden, die dieses technische Gerät versteht. Damit ihr später die Informationen wieder sehen bzw. lesen oder hören könnt, müssen sie wieder umgewandelt werden.

All diese Vorgänge werden in verschiedenen miteinander verbundenen Bauteilen durchgeführt. Alles zusammen findet ihr an eurem Computerarbeitsplatz.

So könnte ein Arbeitsplatz aussehen

In einem quaderförmigen Kasten ist das Herzstück des Computers untergebracht, die Zentraleinheit. Hier werden alle gewünschten Informationen verarbeitet. In dem Kasten befinden sich auch verschiedene Speicherplätze, die Festplatte und verschiedene Laufwerke für DVD oder CD, außerdem die Grafikkarte. Diese Karte ermöglicht es, dass Informationen sichtbar gemacht werden.

Wir bezeichnen diesen Kasten als **Rechner**. Er allein ist für die Verarbeitung von Informationen zuständig. Weiter gehören zum Arbeitsplatz der Bildschirm (Monitor), die Tastatur, die Maus sowie Verbindungskabel zwischen den Einzelteilen und zur Steckdose. Diese Einzelteile sind die → Hardware eines Computers. Ein Computerarbeitsplatz lässt sich noch beliebig erweitern, z.B. durch Drucker, Scanner, Mikrofon. Zum Computerarbeitsplatz gehören auch ein Tisch und ein Stuhl. Für Büroarbeitsplätze und Schulen gibt es dazu auch Vorschriften, um zu verhindern, dass durch langes Sitzen an solchen Arbeitsplätzen körperliche Schäden entstehen.
Um die Augen zu schonen, ist der richtige Abstand zwischen Bildschirm und Augen des Nutzers einzuhalten.

Das E-V-A-Prinzip

Alle Computer arbeiten nach dem Prinzip
- **E**ingabe
- **V**erarbeitung
- **A**usgabe

Ein Computer kann nur Informationen verarbeiten oder weiterleiten, die ihr ihm in einem Befehl eingegeben habt. Ebenso braucht er einen Befehl, Informationen auszugeben bzw. sichtbar zu machen. Die Hardware wird oft nach diesen drei Bereichen unterschieden.

A Aufgaben

1 Beschreibt den Computerarbeitsplatz in eurer Schule bzw. im Technikfachraum.

2 Informiert euch bei eurem Lehrer, ob es sich um einen Einzelplatz handelt oder ob viele Arbeitsplätze miteinander verbunden (vernetzt) sind.

3 Wenn die Arbeitsplätze vernetzt sind, lasst euch erklären, welche Vorteile das für die Schule hat.

4 Sortiert in einer Tabelle die Hardware eures Computerarbeitsplatzes nach dem E-V-A-Prinzip: **Eingabe** ▷ **Verarbeitung** ▷ **Ausgabe.**

3 Arbeiten mit dem Computer

Die Hardware und Software arbeiten zusammen

Die Nutzung des Computers ist nur möglich, wenn die Hardware reibungslos zusammenarbeitet. So soll z.B. das auf dem Bildschirm gezeigte Bild durch den Drucker ausgedruckt werden. Das Zusammenwirken und die Steuerung der Geräte am Computerarbeitsplatz werden durch das → Betriebssystem möglich. Ein häufig verwendetes Betriebssystem ist WINDOWS.
Soll der Computer zum Schreiben von Texten, zum Malen, Zeichnen, Spielen u.a.m. genutzt werden, sind **Anwendungsprogramme** notwendig.
Ein Programm ist als eine Abfolge von einzelnen Befehlen vorstellbar, die der Computer über die Tastatur oder die Maus erhält und verarbeiten kann. Das Betriebssystem sowie Anwenderprogramme werden als → Software bezeichnet.

Für die Funktionsfähigkeit eines Computerarbeitsplatzes ist das Zusammenwirken von Hardware und Software notwendig.

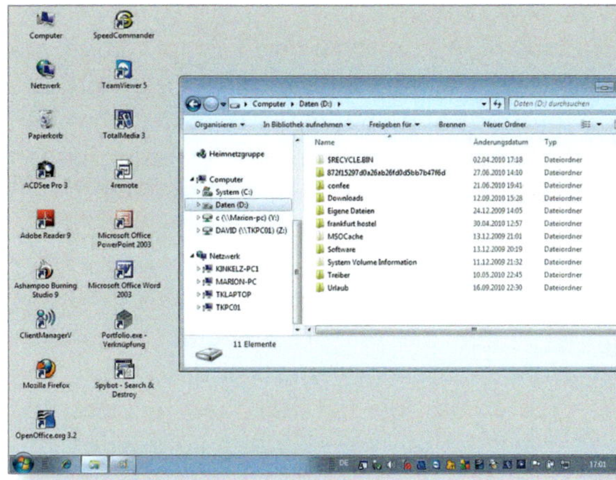

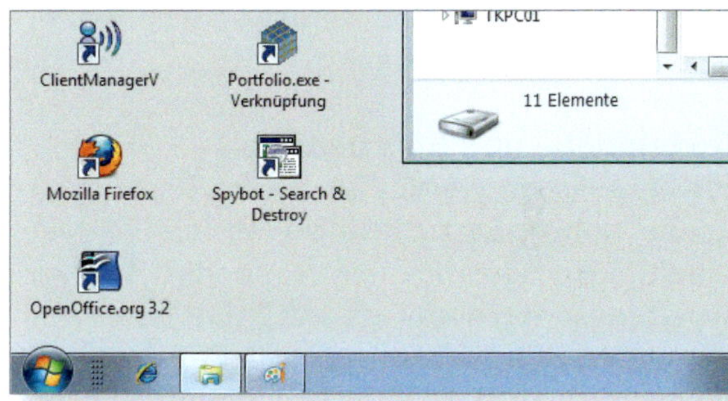

Das Starten des Computers

Nach der Stromzufuhr für den Rechner und den Bildschirm muss der Computer erst 1–2 Minuten „hochfahren", auch „booten" genannt. Die Betriebsbereitschaft ist erreicht, wenn auf dem Bildschirm die Benutzeroberfläche, der **Desktop**, erscheint.

Umgang mit dem Desktop

Die Symbole in der Abbildung oben entsprechen Anwenderprogrammen und Ordnern.
Der untere Balken auf dem Desktop heißt **Taskleiste**. Sie zeigt Anwendungen an, die gerade geöffnet sind bzw. genutzt werden. Durch Doppelklicken mit der linken Maustaste auf ein Symbol öffnet sich ein Fenster, mit dem weitergearbeitet werden kann.

Beenden der Arbeit am Computer

Zuerst müssen alle Anwendungen geschlossen werden. Die Taskleiste zeigt die Schaltfläche START.
Beendet wird durch Drücken der WINDOWS-Taste auf der Tastatur.

A Aufgaben

1 Benennt die Software eures Computers. Unterscheidet dabei nach Systemsoftware (Betriebssystem) und Anwendersoftware.

2 Benennt die Schritte, die erledigt werden müssen, bevor der Computer mit dem Desktop ausgeschaltet werden kann.

4 Eingeben und Bearbeiten von Daten

Was sind Daten?

Im Unterricht könnt ihr den Computer als ein Werkzeug zur Erstellung und Übermittlung von Informationen nutzen, z.B. Texte schreiben und verändern, Tabellen anlegen und Zahlen addieren sowie Bilder zu Texten hinzufügen u.a.m. Dazu gebt ihr Buchstaben oder Ziffern über die Tastatur an den Rechner weiter. Der Rechner muss aber „verstehen“, was ihr wollt. Dabei helfen die entsprechenden Anwenderprogramme. Sie wandeln diese Informationen in → Daten um, die der Rechner versteht und weiterverarbeiten kann. Daten sind eine sinnvolle Anordnung von Informationen, die maschinenlesbar sind und vom Rechner weiterverarbeitet werden können.

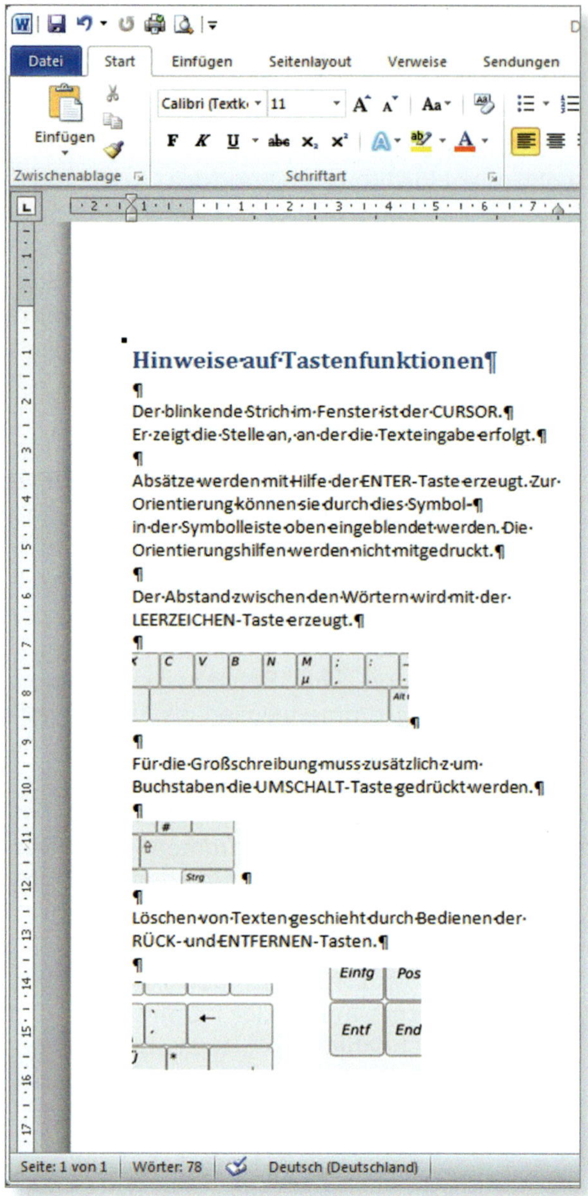

Texteingabe und Bearbeitung

Für eure Arbeit werdet ihr häufig Texte zu erstellen haben. Dazu braucht ihr ein Textverarbeitungsprogramm. Ein einfaches Textverarbeitungsprogramm ist WORDPAD. Wenn ihr mit WINDOWS arbeitet, findet ihr dieses Programm unter *Start/Programme/Zubehör*. Ein umfangreicheres Textverarbeitungsprogramm ist WORD. Wenn es auf eurem Computer installiert ist, braucht ihr unter *Start/Programme* nur nach dem links abgebildeten Symbol zu suchen. Zur Texteingabe nutzt eure Tastatur. Macht euch beim Lesen der Texte in der folgenden Abbildung mit der Funktion von einigen wichtigen Tasten vertraut.

A Aufgaben

1 Schreibt einen kurzen Text über die Ausstattung und die ersten Eindrücke von eurem Fachraum.

2 Probiert das Entfernen von Texten oder Buchstaben über
a) die RÜCK-Taste,
b) die ENTFERNEN-Taste.

3 Probiert aus, Textabschnitte zu entfernen. Markiert dazu den Text mit der MAUS durch Festhalten der linken MAUS-Taste. Nutzt dann eine der Tasten zum Entfernen.

4 Fügt einen Satz in den bisherigen Text ein.
- Bringt dazu den CURSOR an die entsprechende Stelle.
- Schreibt einen neuen Satz.
- Beschreibt eure Beobachtungen.

5 Speichern und Öffnen von Dateien

Was sind Daten?

Viele zusammengehörige Daten z.B. eines Textes bilden eine → Datei. Der Begriff setzt sich zusammen aus **Da**ten und Kar**tei**. Die Arbeit mit dem Computer beinhaltet also immer den Umgang mit Dateien.

Bestimmen von Dateinamen und Speicherort

Wichtige Texte, Tabellen, Übersichten und Zeichnungen möchtet ihr vielleicht als Datei sicher aufbewahren (speichern). Werden sie nicht gespeichert, sind sie nach Schließen der Datei und Ausschalten des Computers (s. Seite 59) verloren.

Beim Speichern sind die folgenden Regeln zu beachten:

- Bestimmen eines **Dateinamens**
- Festlegen des **Speicherortes**

Am Beispiel eurer Textdatei aus Aufgabe 1, Seite 60 könnt ihr die Schritte nachvollziehen.

- Wählt in der Menüleiste oben im Programmfenster *Datei/Speichern unter …*
- Klickt mit der MAUS das Feld neben dem Dateinamen an und tragt hier einen Dateinamen ein, z.B. **Ausstattung Fachraum**. Die Dateiendung **.doc** wird vom Programm ergänzt. An der Endung erkennt man das Programm, mit dem die Datei erstellt wurde.
- Bestimmt jetzt den Speicherort. Das ist wichtig, um später die Datei wiederzufinden.

Welchen Speicherort ihr festlegt, hängt von den Vorgaben eurer Schule und des Fachlehrers ab. Der PC bietet verschiedene Speicherorte an. Welche das sind, könnt ihr sehen, wenn ihr in der Menüleiste den Befehl *Datei/Speichern unter* ausführt. Wie auch im nebenstehenden Fenster gezeigt, könnt ihr unter **Speichern in** den gewünschten Speicherort festlegen.

Es gibt verschiedene Speichermedien, z.B. die Festplatte, die DVD/CD, den USB-Stick. Um darauf Daten speichern zu können, müssen sie mit dem Computer verbunden sein. Der Computer kann die Speichermedien über Laufwerke ansteuern. Zur besseren Übersicht werden diese unter dem Betriebssystem WINDOWS mit Buchstaben und einem Doppelpunkt bezeichnet. Beispiel: Die Festplatte wird über das Laufwerk C: angesteuert.

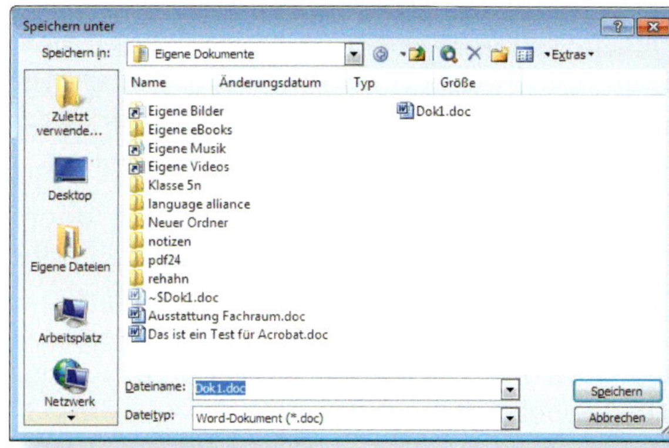

So wird gespeichert

Die Datei **Ausstattung Fachraum** soll in dem Ordner **Eigene Dokumente** im Verzeichnis der Benutzerdateien gespeichert werden. Dieser Ordner liegt auf der Festplatte und ist beim Betriebssystem WINDOWS bereits eingerichtet.

Fahrt im Menü wie in der Abbildung unten fort.

- Sucht im Feld **Speichern in** den Ordner **Eigene Dokumente**. Klickt dazu auf das kleine Dreieck rechts neben dem Feld.
- Wählt mit der MAUS den Ordner aus. Führt den Befehl *Speichern* aus.
- Jetzt könnt ihr die Datei schließen, denn sie ist jederzeit wiederzufinden und zu öffnen.

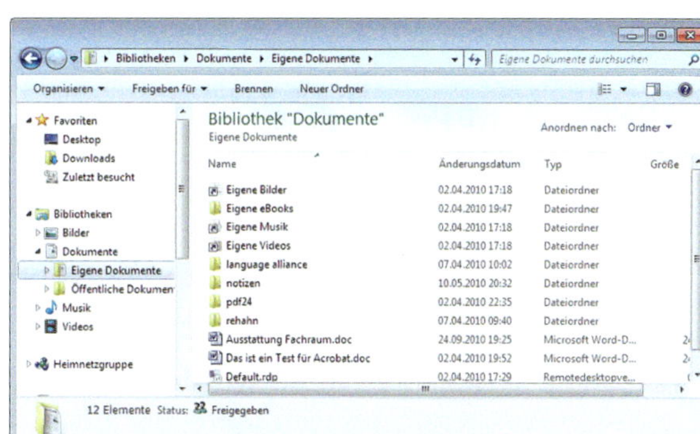

So lassen sich Dateien öffnen

Gespeicherte Dateien benötigt ihr z.B., um sie zu überarbeiten und zu verbessern. Wenn ihr in der nächsten Unterrichtsstunde an der Datei **Ausstattung Fachraum** weiterarbeiten wollt, müsst ihr diese Datei wieder öffnen können.

Zunächst muss natürlich der Computer betriebsbereit sein. Dann ist es immer nützlich, wenn man noch weiß, wo die Datei abgelegt wurde. Auch im Umgang mit dem Werkzeug Computer ist es wichtig, Ordnung zu halten.

Die Datei **Ausstattung Fachraum** wurde im Ordner **Eigene Dokumente** gespeichert. Ihr müsst also diesen Speicherort wiederfinden. Dieser Ordner wird normalerweise bereits auf dem Desktop angezeigt. Ihr braucht ihn nur mit Doppelklick zu öffnen.
Jetzt müsste die Datei **Ausstattung Fachraum** angezeigt werden. Diese könnt ihr mit Doppelklick öffnen. Jetzt könnt ihr an der Datei weiterarbeiten. Soll die Datei wieder geschlossen werden, müssen Änderungen gespeichert werden. Das geht schnell durch einen Klick auf das Diskettensymbol in der Symbolleiste.

So werden Dateien gelöscht

Speichermedien wie Festplatten und USB-Sticks besitzen einen begrenzten Speicherplatz. Ihr werdet vor allem beim Speichern von Bildern feststellen, dass der verfügbare Speicherplatz schnell belegt sein kann. Deshalb solltet ihr Daten löschen, die nicht mehr benötigt werden.

- Markiert mit der MAUS im Ordner **Eigene Dokumente** die zu löschende Datei.

Entscheidet euch für eine Möglichkeit:

- Öffne den Windows-Explorer über das Symbol in der Task-Leiste.
- Navigiere im Verzeichnisbaum im linken Teil des Fensters zum Ordner *Bibliotheken/Dokumente/Eigene Dokumente*.
- Markiere die Datei **Ausstattung Fachraum.doc** und wähle per rechter Maustaste im Kontextmenü die Option *„Löschen"* aus.
- Wähle nach Auswahl der Datei über den Menüpunkt *„Organisieren"* die Funktion *„Löschen"* an.
- Markiere die Datei und drücke *„entf"*.
- Markiere die Datei und ziehe sie mit gedrückter rechter Maustaste über den Papierkorb auf dem Desktop und lasse sie dort los. Die Datei ist dann im Papierkorb. Von dort kann sie mit *„Wiederherstellen"* im Kontextmenü des Papierkorbs „gerettet" werden.

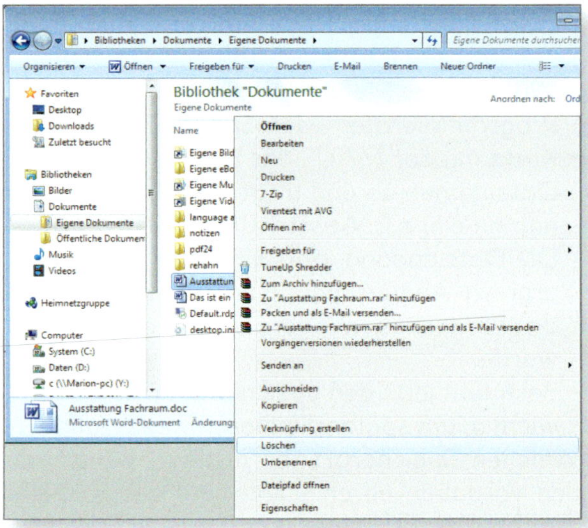

A

Aufgaben

1 Besprecht mit eurem Lehrer Speichermöglichkeiten beim Schulcomputer.

2 Welche zusätzlichen Möglichkeiten habt ihr, wenn ihr in einem Netzwerk arbeitet?

3 Wenn ihr Dateien schließt, werdet ihr unter WINDOWS automatisch gefragt, ob sie gespeichert werden sollen. Warum wurde diese Funktion eingerichtet?

4 Textdateien könnt ihr auf dem Desktop an einem bestimmten Symbol schnell erkennen. Sucht dies und beschreibt es. Welcher Unterschied fällt euch zum Symbol des Ordners **Benutzerdateien** (**Eigene Dokumente**) auf?

5 Was passiert nach dem Anklicken des Befehls *Löschen* im Kontextmenü?

6 Erprobt Möglichkeiten zum Löschen von Dateien. Welche ist günstig? Begründet.

6 Anlegen von Ordnern

Was sind Ordner?

Bildlich gesehen müsst ihr euch **Ordner** wie Schubladen vorstellen, in die zusammengehörende Dateien hineingelegt werden. Ordner sind an ihrem gelben Symbol zu erkennen und unterscheiden sich damit von Dateien. Auch Ordner bekommen einen Namen. Das dient der Unterscheidung und der inhaltlichen Zuordnung der darin enthaltenen Dateien. Da der Computer auch von Schülern anderer Klassen genutzt wird, müsst ihr die Dateien eurer Klasse so speichern, dass ihr sie schnell wiederfinden könnt. Legt deshalb im Ordner **Eigene Dokumente** einen weiteren Ordner **Klasse 5** an.

So könnt ihr vorgehen

- Navigiert im Windows-Explorer zum Ordner *Bibliotheken/Dokumente/Eigene Dokumente.*
- Klickt in der Menüleiste auf *„Neuer Ordner“*. Ein neuer Ordner wird angelegt, den ihr nur noch benennen müsst.

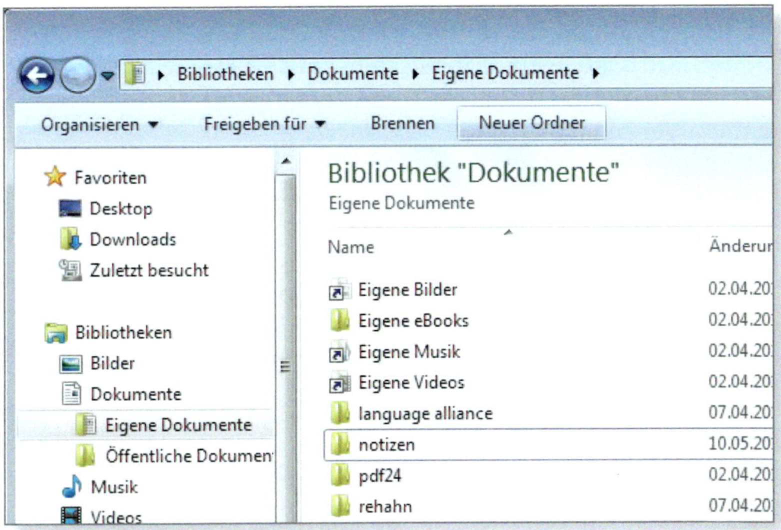

A Aufgaben

1 Im Ordner **Klasse 5** könnt ihr jetzt für jeden Schüler einen eigenen Ordner anlegen. Orientiert euch dazu an der Beschreibung oben.

2 NADIM erklärt: „Ich erstelle neue Ordner anders, und zwar mit Klick auf die rechte MAUS-Taste. Dann klicke ich im Kontextmenü auf *Neu/Ordner.*“ Probiert diesen Weg aus und entscheidet, was schneller geht.

3 In Ordnern und Dateien können Daten gespeichert werden. Es gibt aber Unterschiede zwischen beiden. Welche sind das?

4 Erklärt, warum auf jedem Computer unter WINDOWS der fest-installierte Ordner **Eigene Dokumente** heißt.

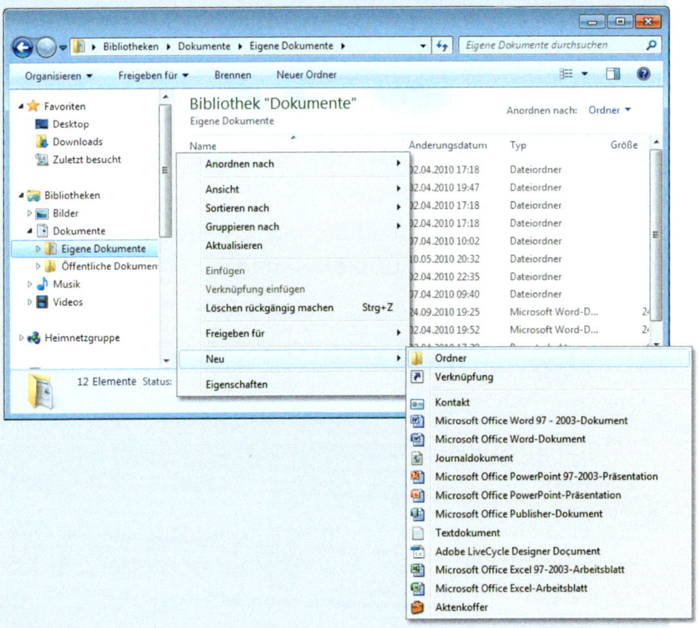

7 Texte schreiben und korrigieren

Der Text für das Versuchsprotokoll entsteht in WORD

Auf den folgenden Seiten erfahrt ihr einige Möglichkeiten, die das Textverarbeitungsprogramm WORD bietet. Als Übungsbeispiel dient dazu das Versuchsprotokoll von S. 61. Wenn ihr die weiteren Anweisungen nutzt, könnt ihr damit auch andere Textdokumente erstellen. Startet das Programm WORD. Es öffnet sich eine leere „Seite", ein neues Dokument. Speichert zunächst dieses Dokument unter **Versuchsprotokoll Zahnräder** und wählt einen geeigneten Speicherort. Beginnt jetzt über die Tastatur mit der Texteingabe von Kopfzeile und Arbeitsauftrag. Damit ihr besser verfolgen könnt, wie oft ihr die Leertaste gedrückt habt und wie viele Absätze (freie Zeilen) zwischen dem Text sind, klickt auf dies Symbol in der Symbolleiste.

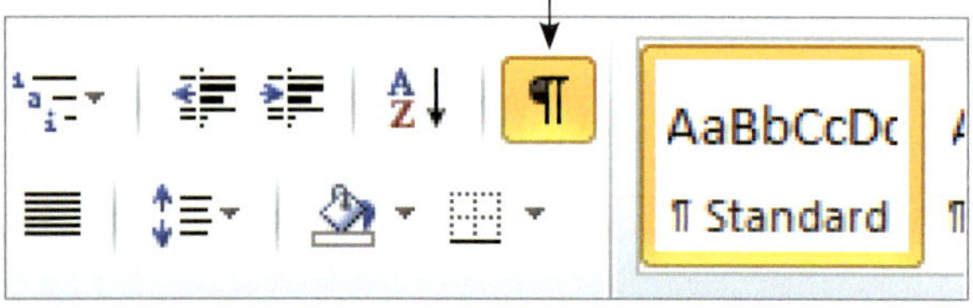

Die nun sichtbaren Zeichen helfen euch bei der Orientierung auf dem Blatt. Diese Zeichen werden nicht mitgedruckt. Zur besseren Orientierung auf der Seite könnt ihr in der Menüleiste unter **Ansicht** das Erscheinungsbild der Seite verändern.

Die Ränder lassen sich besser mithilfe der Lineale steuern. Dazu setzt ihr im Menü *„Ansicht"* bei *„Lineal"* ein Häkchen. Es erscheint oben und am linken Rand ein Lineal.

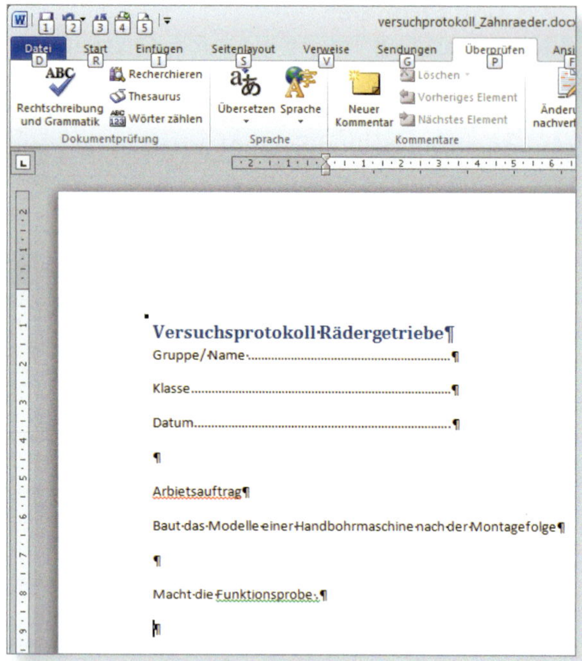

▲ So könnte das begonnene Textdokument im Programmfenster aussehen.

Das Protokoll muss in die Rechtschreibprüfung

Wenn ihr euch die erste Bildschirmdarstellung genau anseht, könnt ihr rote und grüne Wellenlinien entdecken. An diesen Stellen stimmt etwas nicht.

Rot bedeutet Rechtschreibfehler oder das Wort ist dem Programm unbekannt. Grün zeigt an, dass möglicherweise ein Grammatikfehler vorliegt.

Das Prüfprogramm weist darauf hin und ermöglicht die schnelle Korrektur.

A Aufgaben

1 Welche Hilfe beim Textaufbau geben die eingeblendeten Absatzsymbole und Leerzeichen?

2 Untersucht das Textdokument oben auf die eingefügten Absätze. Ein Absatz ist dabei in jedem Fall überflüssig. Findet ihn und begründet.

3 Sucht in der Menüleiste des Textverarbeitungsprogramms das Menü der Rechtschreibprüfung. Es gibt dafür auch ein Symbol. Wie sieht das aus?

4 Korrigiert Rechtschreibfehler in euren Texten. Kann das Rechtschreibprogramm alle Fehler berichtigen?

8 Anlegen von Tabellen in WORD

Das Versuchsprotokoll auf S.61 enthält auch eine Tabelle. Die könnt ihr ebenfalls in WORD erstellen und einfügen.
Stellt den Cursor an die Stelle, an der die Tabelle eingefügt werden soll.

Über *Einfügen/Tabelle* öffnet sich zunächst ein Kontextmenü, in dem ihr die benötigte Anzahl von Spalten und Zeilen auswählt.

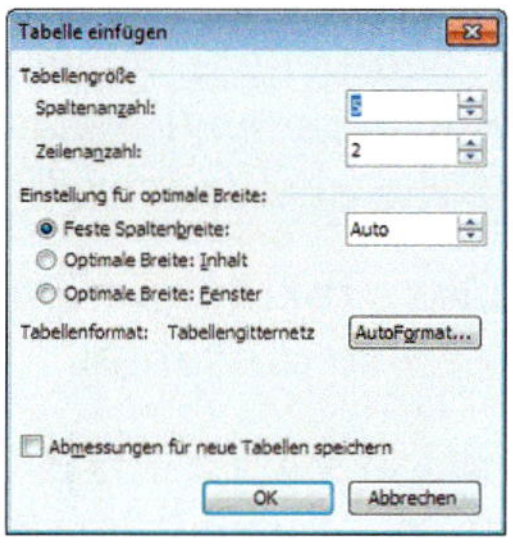

Wenn ihr mit *OK* bestätigt, erscheint eine Tabelle mit 5 Zeilen und 5 Spalten. Die einzelnen Felder der Tabelle werden Zellen genannt.

Tabellenkopf gestalten

Durch weitere Schritte könnt ihr den Tabellenkopf noch übersichtlicher machen.

Zellen verbinden

Da das Versuchsprotokoll für die oberste Textreihe nur vier Spalten benötigt, werden die beiden letzten Zellen der obersten Reihe verbunden:

- Beide Zellen markieren.
- Rechte MAUS-Taste gedrückt halten.
- Im Kontextmenü den Befehl *Zellen verbinden* anklicken.

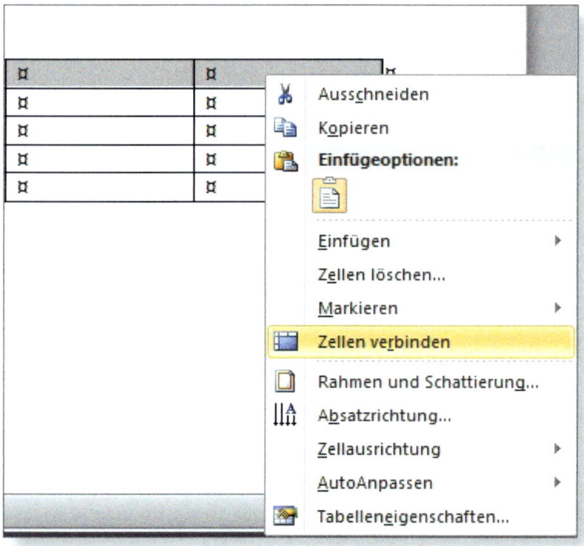

Führt den Befehl *Zellen verbinden* auch für die ersten beiden Zellen der Spalten 1–3 aus. So erhaltet ihr unten stehenden Tabellenkopf.

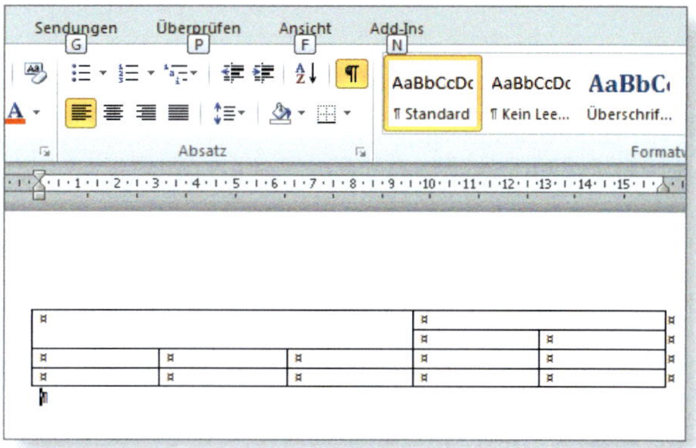

Zellen farbig gestalten

Wollt ihr den Tabellenkopf farbig hervorheben, könnt ihr so vorgehen:

- Alle Zellen des Tabellenkopfes markieren.
- Im Kontextmenü den Befehl *Rahmen und Schattierung* ausführen.
- In der Karteikarte **Schattierung** eine Farbe auswählen.

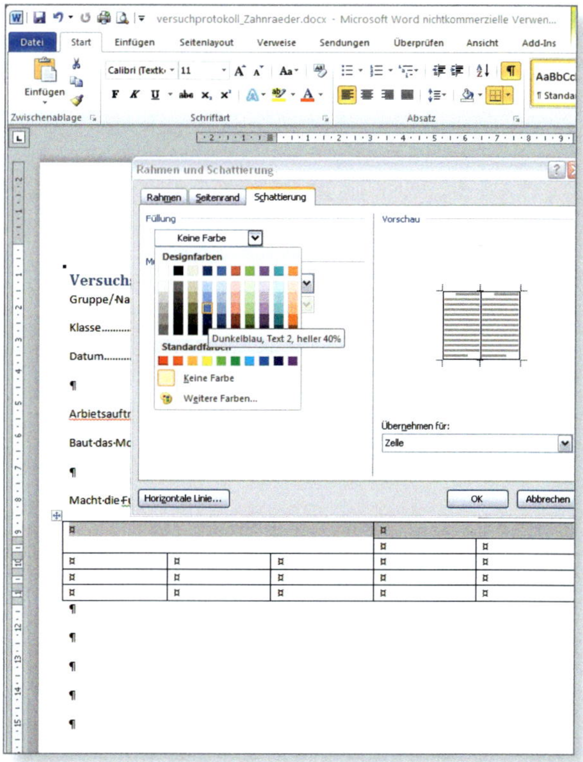

Festlegen der Spaltenbreiten

Oft ist es hilfreich, wenn vor dem Ausfüllen der Zellen ihre Größe festgelegt wird. Das Programm bietet dazu verschiedene Möglichkeiten.

Verfolgt diesen Weg:
- Mit der rechten Maustaste irgendwo in die Tabelle klicken.
- */AutoAnpassen/Feste Spaltenbreite* auswählen.

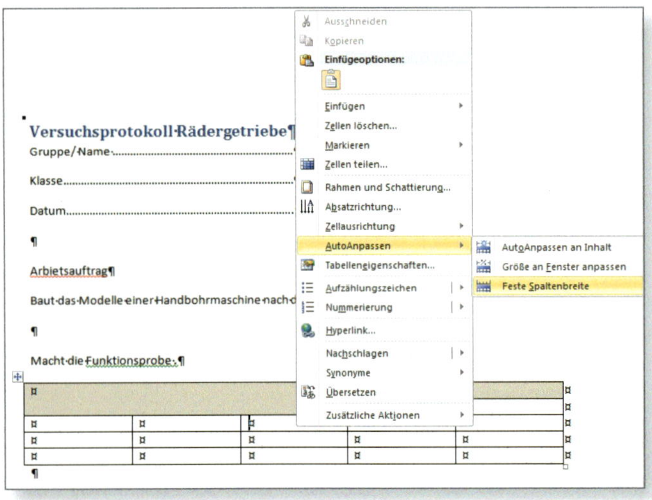

Beschriften der Zellen

Jetzt können die Texte für die Versuche eingetragen werden.

Jede Zelle kann für sich beschriftet werden. Um gleichlautende Texte nicht immer neu schreiben zu müssen, könnt ihr die markierten Texte über den Befehl
- *Bearbeiten/Kopieren* und anschließend
- *Bearbeiten/Einfügen*

in die gewünschte Zelle einfügen.

Das Textdokument Versuchsprotokoll kann jetzt so aussehen:

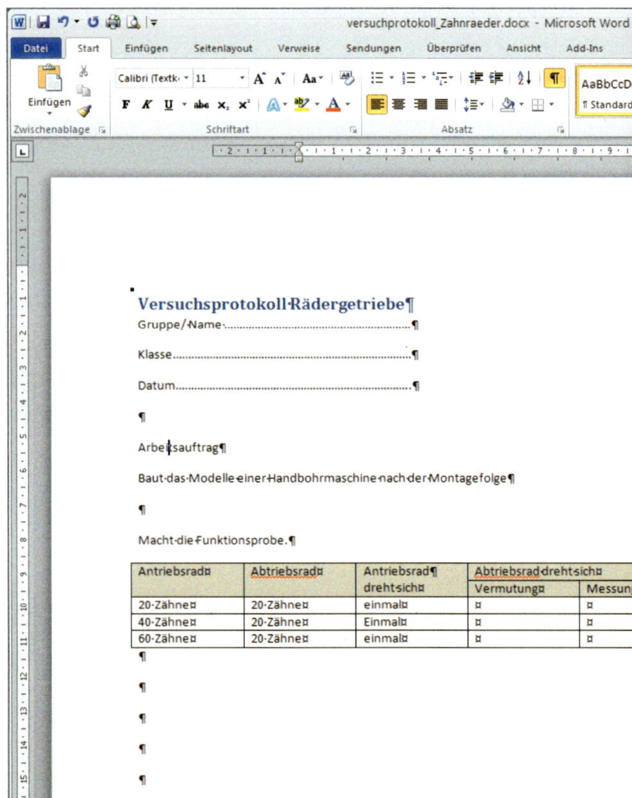

A Aufgaben

1 Baut nach diesen Schritten das Versuchsprotokoll nach.

2 Erstellt weitere Tabellen nach dieser Vorgehensweise. Wie wär's zum Beispiel mit einem selbst erstellten Stundenplan?

3 Warum wurde die Tabelle für das Versuchsprotokoll mit 5 Spalten und 5 Zeilen angelegt?

4 Für die Größe der Zellen in Tabellen gibt es auch andere Möglichkeiten, z.B. *AutoAnpassen an Inhalt*. Probiert aus, was bei dieser Einstellung passiert.

9 Einfügen von Bildern in WORD-Dateien

Für den Experimentieraufbau gibt es im Versuchsprotokoll ein Sinnbild. So ist sichergestellt, dass alle nach den gleichen Versuchsanordnungen experimentieren.

WORD macht es möglich, auch Bilder in ein Textdokument einzufügen.
Öffnet dazu wieder das Textdokument **Versuchsprotokoll Rädergetriebe**.
Im Menü *„Einfügen“* wird angezeigt, welche Arten von Medien ihr in das Dokument einbetten könnt.
Bringt den Cursor in Position und wählt in der Menüleiste *Einfügen/Grafik*.

Grafische Elemente und Illustrationen

Über das Menü *„Einfügen“* lassen sich Medien einfügen, aber auch erstellen. Vor allem Diagramme, Grafiken und Symbole können direkt in Word erstellt werden, ohne extra in ein Zeichenprogramm zu wechseln.

Über den Befehl *Einfügen/Grafik/* werdet ihr auf den Speicherort geführt und könnt die gewünschte Bilddatei einfügen.
Eingefügt wird dort, wo ihr den Cursor vorher positioniert habt.

Das eingefügte Bild kann jetzt noch in Größe und Position verändert werden. Dazu muss bei gedrückter MAUS-Taste an den „Anfasspunkten“ der Ecken gezogen werden.

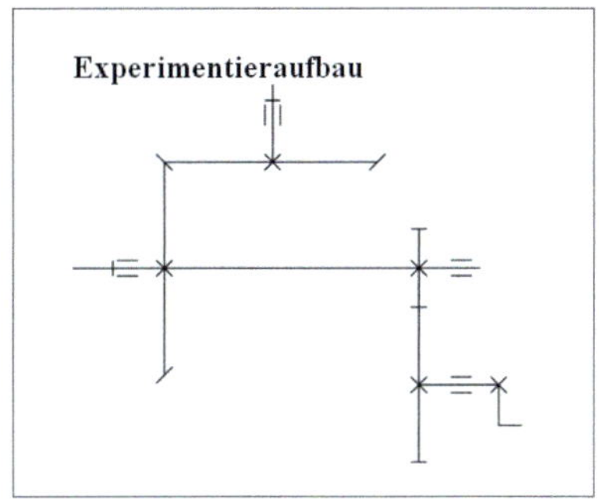

Sollen jetzt noch Änderungen im Getriebesinnbild ausgeführt werden, ist das nur in der Ausgangsdatei möglich.
Dazu muss diese wieder geöffnet werden. Jetzt können die Änderungen dort erledigt und gespeichert werden.
Danach muss die geänderte Datei erneut eingefügt werden.
Mit dem Zeichenprogramm PAINT könnt ihr nach einiger Übung das erforderliche Sinnbild selbst erstellen.

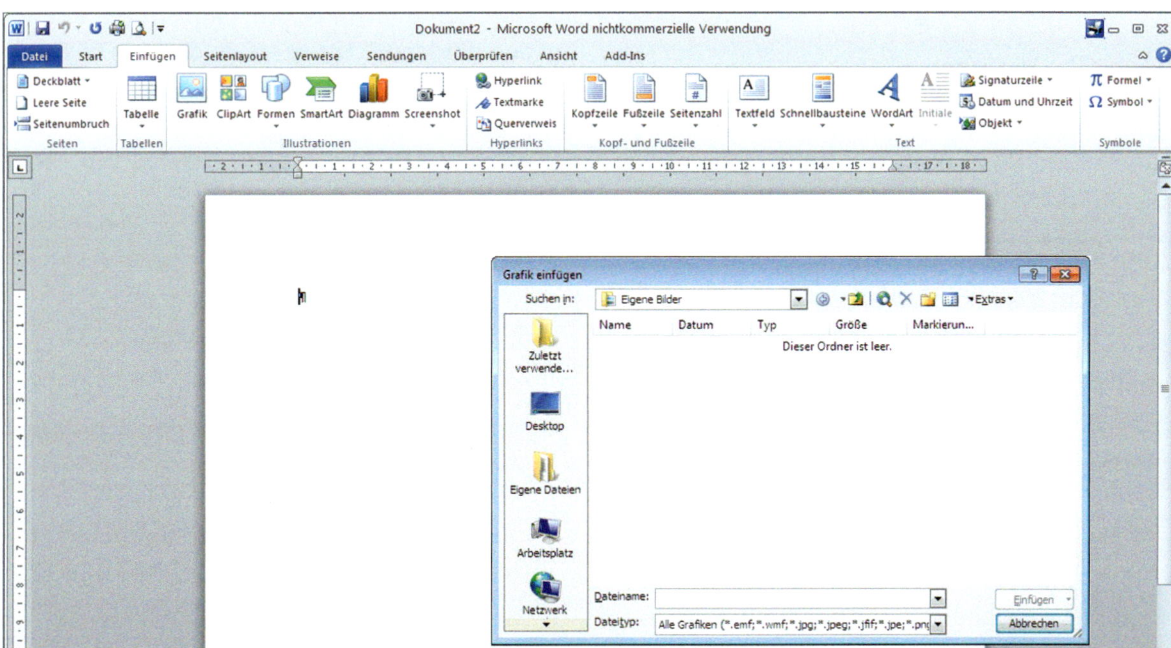

Einfügen von Scanner oder Kamera

Das Sinnbild zum Experimentieraufbau könnt ihr auch mit Hand auf Papier zeichnen. Orientiert euch dabei am Anleitungsheft zum Modellbaukasten.

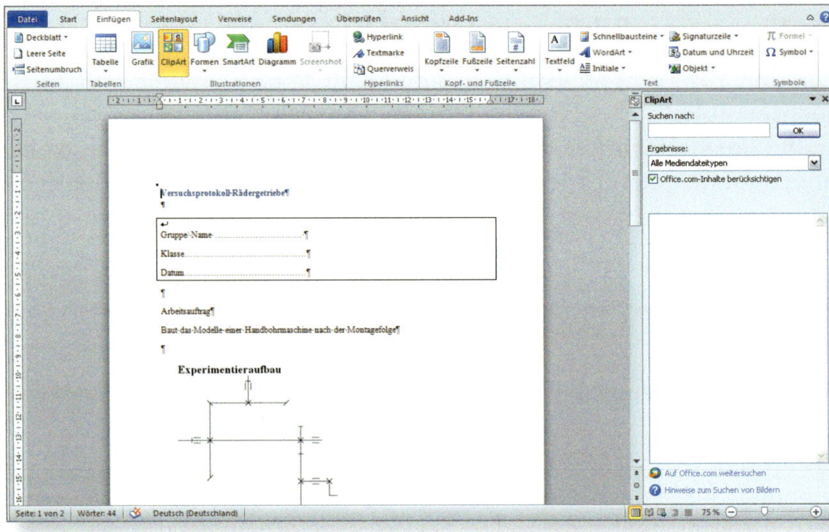

Um diese Zeichnung in das Textdokument einzufügen, braucht ihr einen Scanner. Er muss mit dem Rechner verbunden sein. Zum Einfügen des Scanner- oder Kamerabildes müsst ihr das Bild erst mit der zur Kamera und zum Scanner gehörenden Software auf den Rechner übertragen. Danach fahrt ihr fort wie beim Einbinden einer Grafik aus einer Datei.

Scannen bedeutet, dass ein Bild in viele einzelne Punkte zerlegt wird. Das Bild wird digitalisiert. Auf diese Art und Weise lassen sich auch Bilder von einer Digitalkamera direkt in das Textdokument einfügen.

Auch hier gilt wieder: Änderungen sind nur in der Ausgangsdatei möglich.

Einen Clip einfügen

Der Rechner verfügt über eine Sammlung von kleinen vorgefertigten Bildern, die nach Themen in einem Katalog geordnet sind. Diese sog. Cliparts werden gleichzeitig mit dem Textverarbeitungsprogramm dem Nutzer zur Verfügung gestellt. Ihr dürft diese Abbildungen für private Zwecke nutzen.

Wenn ihr Abbildungen sucht, lohnt sich immer ein Blick in diese Sammlung. Ihr könnt sie mit dem Befehl *Einfügen/ClipArt* öffnen.

Im Fall des Getriebesinnbilds ist es eher unwahrscheinlich, etwas Passendes zu finden.

Der Umgang mit Bilddatenbanken aus dem Internet

„Ich suche bei GOOGLE“, sagt TIM. „Im Internet wird sich schon etwas Passendes finden.“ DORO gibt gleich zu bedenken: „Ansehen darfst du dir die Bilder, auch ausdrucken. Du darfst sie aber nicht einfach veröffentlichen, denn sie gehören dir nicht. Dazu musst du beim → Urheber anfragen. Der hat die Rechte an den Bildern. Übrigens, auch eine Präsentation in der Schule ist eine Veröffentlichung.“

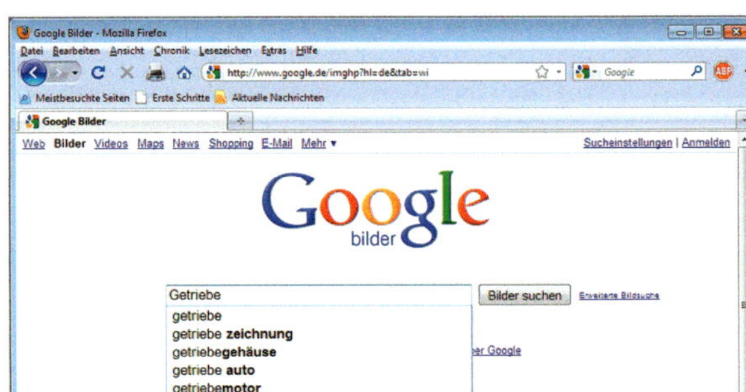

A Aufgaben

1 Übt das Einfügen von Bilddateien.

2 Vergleicht die beiden Wege:
- Scannen eines mit Hand erstellten Sinnbilds,
- Einfügen des Sinnbilds aus einer Bilddatei.

3 Fotografiert mit einer Digitalkamera das Modell der Bohrmaschine und nehmt dies in das Versuchsprotokoll auf.

4 Warum ist es strafbar, fremde Daten ohne Erlaubnis des Urhebers zu veröffentlichen.

10 Das Dokument bekommt eine Gestalt

Alle Bestandteile (Texte, Bild, Tabelle) für das Versuchsprotokoll stehen im Dokument und sind korrigiert. Jetzt kann die Gestaltung der gesamten Seite beginnen. WORD bietet hierzu viele Möglichkeiten:
Ihr habt die Auswahl zwischen verschiedenen Schriftarten und -größen. Ihr könnt Wörter hervorheben und Texte farbig unterlegen.
Das Programm bietet so viele Möglichkeiten und verführt, allzu viel zu gestalten.

Zwei Protokolle aus der Albert-Einstein-Schule

Jana und Birgit haben ihre Versuchsprotokolle zu Hause gestaltet. Rechts seht ihr die Ergebnisse.
JANA kritisiert: „So kannst du einen Brief an deine Freundin Heike gestalten und selbst dann würde mir dieses bunte Durcheinander nicht gefallen. Für ein Protokoll solltest du dich auf eine Schriftart entsprechend dem Zweck beschränken. Auch mit Farben solltest du sparsamer umgehen. Wer blickt denn da noch durch, was wichtig ist? Mein Vorschlag ist viel übersichtlicher.
Ich habe alle Texte in einer Schriftart und Schriftgröße geschrieben. Dazu wählte ich in der Symbolleiste die Schriftart **Times New Roman** in der **Schriftgröße 12** aus. Du kannst als Schrift auch **Arial** wählen.
Und mit deinem Bild kann doch niemand einen Experimentieraufbau erstellen. Da hast du wohl etwas bei den Cliparts gefunden, was dir gefallen hat. Sieh dir mein Sinnbild an. Ich habe es selbst mit PAINT erstellt."

Formatieren von Schrift

Auch Jana könnte an ihrem Protokoll noch etwas verbessern, um es übersichtlicher zu gestalten. Manche Texte möchte man hervorheben. Dazu gibt es z.B. die Möglichkeit, die Schrift auf **fett** zu stellen.
Man kann auch die Schriftgröße bei einzelnen Wörtern ändern.
In der Symbolleiste von WORD werden diese Möglichkeiten angezeigt.

Auch für die Textausrichtung bietet WORD verschiedenen Möglichkeiten durch Anklicken der entsprechenden Felder in der Symbolleiste:

- linksbündig
- rechtsbündig
- zentriert
- Blocksatz

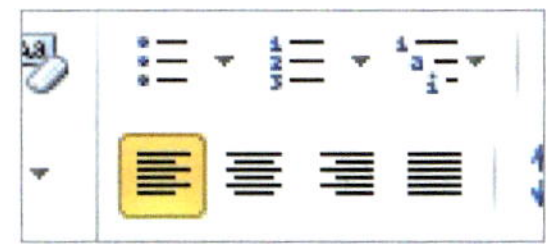

Versuchsprotokoll

von Birgit
Klasse 6

Arbeitsauftrag:
Mit dem Baukasten sollt ihr das Modell einer Handbohrmaschine aufbauen. Dabei sollen unterschiedliche Stirnradkombinationen für unterschiedliche Geschwindigkeiten sorgen. Das Kegelradgetriebe ändert die Bewegungsrichtung der Antriebsräder!

Baut das Modell nach der Montagefolge (Experimentieraufbau) auf!!!

Experimentieraufbau

Versuchsergebnisse

Antriebsrad	Abtriebsrad	Antriebsrad dreht sich	Abtriebsrad dreht sich Vermutung ......Experiment	

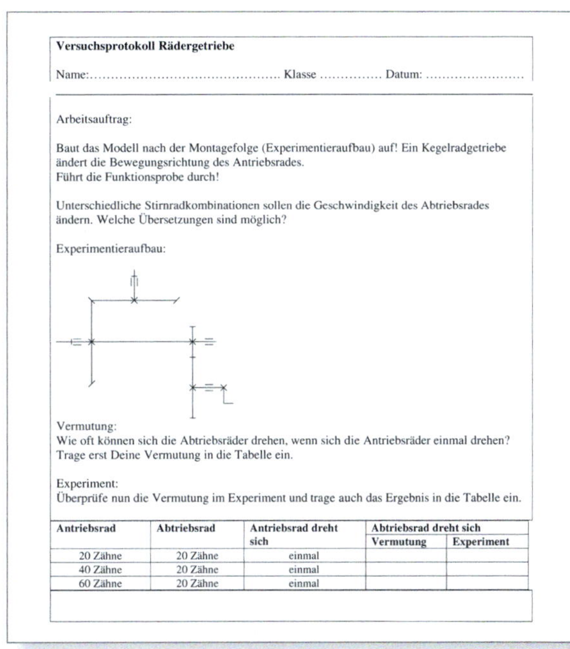

Versuchsprotokoll Rädergetriebe

Name:... Klasse .... Datum: ....

Arbeitsauftrag:

Baut das Modell nach der Montagefolge (Experimentieraufbau) auf! Ein Kegelradgetriebe ändert die Bewegungsrichtung des Antriebsrades.
Führt die Funktionsprobe durch!

Unterschiedliche Stirnradkombinationen sollen die Geschwindigkeit des Abtriebsrades ändern. Welche Übersetzungen sind möglich?

Experimentieraufbau:

Vermutung:
Wie oft können sich die Abtriebsräder drehen, wenn sich die Antriebsräder einmal drehen?
Trage erst Deine Vermutung in die Tabelle ein.

Experiment:
Überprüfe nun die Vermutung im Experiment und trage auch das Ergebnis in die Tabelle ein.

Antriebsrad	**Abtriebsrad**	**Antriebsrad dreht sich**	**Abtriebsrad dreht sich**	
			Vermutung	**Experiment**
20 Zähne	20 Zähne	einmal		
40 Zähne	20 Zähne	einmal		
60 Zähne	20 Zähne	einmal		

Im Protokoll von S. 66 soll der Text formatiert werden. Um den Kopf mit einem Rahmen zu versehen, verfolgt diesen Weg:

- Texte markieren.
- In *Start/Absatz* auf das Symbol für Rahmen klicken.
- Auf der Karteikarte Rahmen die Art markieren und OK drücken. Der Unterpunkt „*Rahmen und Schattierung*“ ermöglicht weitere Einstellungen.

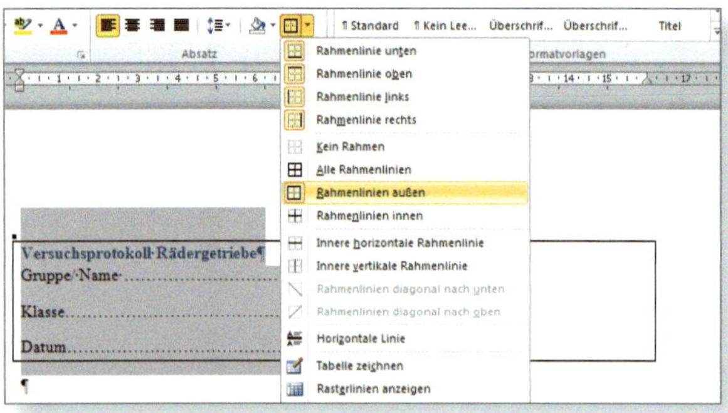

Verschiedene Textausrichtungen werden durch kleine Symbolfelder vorgeschlagen. Ihr könnt auf diesem Weg auch die Textausrichtung in den übrigen Zellen der Tabelle vorgeben.

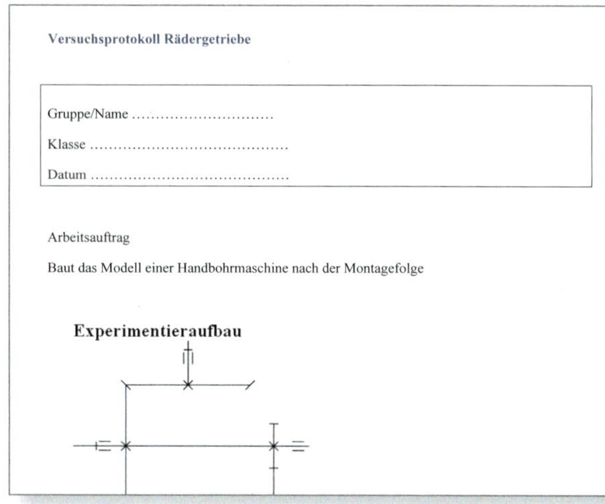

▲ So sieht das formatierte Protokoll jetzt aus.

Formatieren von Tabellen

Der Tabellenkopf auf S. 66 rechts ist weiter zu verändern. Die Texte in den Zellen sollen auf Mitte stehen. Markiert dazu den Tabellenkopf. Durch Drücken der rechten MAUS-Taste Kontextmenü aufrufen und Befehl *Zellausrichtung* wählen.

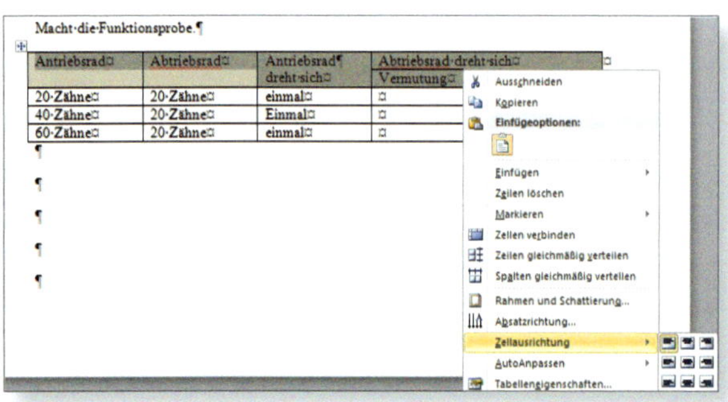

Die Gesamtansicht der Seite

Während der Arbeit am Dokument seht ihr meist nur einen Ausschnitt der Seite. Bevor ihr das Dokument abschließt, empfiehlt sich ein Blick auf die gesamte Seite.

Wählt dazu in der Symbolleiste *Zoom* an und führt *Ganze Seite* aus. Nun könnt ihr besser entscheiden, ob an der Gestaltung der Seite noch etwas verändert werden soll. Man sieht z. B., ob die Anordnung von Text, Bild und Tabelle übersichtlich ist.

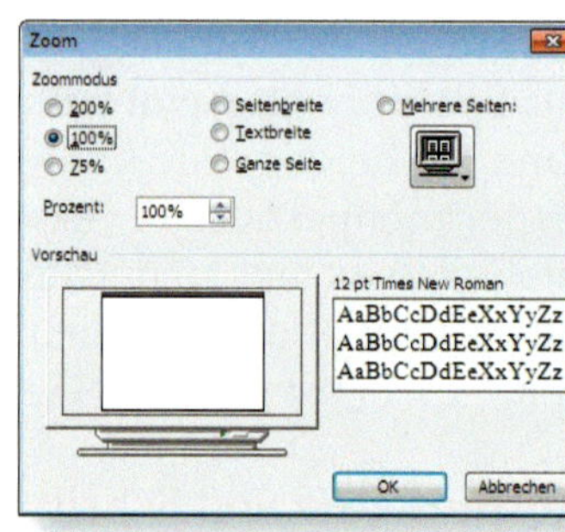

A Aufgaben

1 Beurteilt die Gestaltung der Protokolle von Jana und Birgit. Wie beurteilt ihr Janas Kritik?

2 Probiert die Gestaltungsmöglichkeiten für Schriften an eigenen Texten aus.

3 Bücher und Zeitungen werden auch nach Regeln für Text und Bilder gestaltet. Untersucht und beurteilt Gestaltungsregeln einer Zeitung.

4 Findet Gestaltungsregeln für Schrift in diesem Schulbuch und schätzt sie ein.

Was Computer alles können

1 Computer am Arbeitsplatz – Fallbeispiel Bäckerei

In der Backstube um 1965

▲ Mehlzugabe aus einem 50-kg-Sack

▲ Backofen von Hand bestücken

▸ **Leitauftrag** Wie hat der Computereinsatz die Berufsarbeit verändert?

Computer in der Backstube 2010

▲ Mehlaustragung über eine Deckenwaage

▲ Backschrank, computergesteuert

B **Auf einen Blick**

Ihr beschreibt an Beispielen die Auswirkungen des Computereinsatzes auf die Berufsarbeit bei der Herstellung von Gütern.

Ihr bezieht Stellung zu Vor- und Nachteilen des Einsatzes von Computern und berücksichtigt dabei Auswirkungen auf die Anzahl und Qualität von Arbeitsplätzen.

2 Der Computer hat die Arbeit verändert

Mittlerweile gibt es fast jede Bäckereimaschine und Anlage in einer computergesteuerten Ausführung. So lässt sich nicht nur die Verwiegung der Teigzutaten, sondern auch das Kneten, das Abwiegen, Wirken ... der Teige durch Programme steuern. Viele Backöfen sind mit einer EDV-gestützen Steuerung versehen. Der Druck auf den Knopf bestimmt so automatisch, welcher Temperaturverlauf während des Backprozesses eingehalten und wann und wie viel Wasserdampf gegeben wird ... Die EDV hilft dabei, Fehler zu vermeiden ... Dadurch werden auch Schwankungen in der Qualität der Backwaren verringert. Außerdem können viele Routinearbeiten schneller ausgeführt werden. Die wichtigste Aufgabe muss der Bäckermeister aber noch selber ausführen: Er muss herausfinden, mit welchen Zutatenmengen und welchen Verarbeitungsbedingungen eine neue Rezeptur zu optimalen Produkten führt. Erst wenn dieses Wissen zur Verfügung steht, kann der Computer damit „gefüttert" werden.

(Stand 2010)
http://www.baeckerhandwerk.de/Computer-in-der-Backstube.154.0.html

Eine neue Kältetechnik macht die Herstellung größerer Mengen in einem Arbeitsgang möglich. Sie verändert auch den Zeitraum des Backens. Brötchen und frisches Brot müssen nicht mehr täglich sehr früh zubereitet und gebacken werden. Der Teig kann schon Tage vorher zubereitet und tiefgekühlt werden. Je nach Bedarf werden diese Teiglinge dann in Ladenbacköfen frisch gebacken.
Ladenbacköfen gibt es in den Verkaufsstellen der Bäckerei und inzwischen in Tankstellen-Shops oder im Eingangsbereich von Supermärkten.

Die Folgen des Computereinsatzes

Die Zahl der Betriebe und Beschäftigten ist gesunken.
Bäcker müssen weniger harte körperliche Arbeit leisten und sich dafür aber in der Computersteuerung gut auskennen.
Die Zahl der Verkaufsstellen mit Ladenbacköfen hat zugenommen.
Verbraucher können durch die neue Technik immer frische Brötchen kaufen. Das Warensortiment hat sich vergrößert.

Entwicklung des Bäckerhandwerks

2000	2009
Bäckerfachgeschäfte insgesamt	
47 413	45 000
Beschäftigte	
318 200	292 500
davon Auszubildende	
34 884	35 000
Umsatz	
13,5	12,9

Umsatz ohne MwSt. in Mrd. €
www.baeckerhandwerk.de
▶ Bäckerhandwerk ▶ Daten kompakt

A Aufgaben

1 Verfolgt die Entwicklung im Bäckerhandwerk mithilfe des Textes und der Tabelle.

2 Beschreibt Vor- und Nachteile des verstärkten Einsatzes von Computern.

3 Erkundet, wie in eurer Umgebung Backwaren hergestellt werden.

3 Chancen und Risiken durch arbeitssparenden Computereinsatz

Kunden als Kassierer

Laut Untersuchung des EHI (Eurohandelsinstitut) haben bereits 13 Prozent der Ladenbetreiber in Deutschland sogenannte Self-Service-Systeme im Einsatz, und jedes dritte befragte Unternehmen beabsichtigt, diese Geräte in seinen Filialen einzusetzen.
Vorreiter dieser Entwicklung ist der Ikea-Konzern. Er setzt in seinen 44 deutschen Märkten bereits sehr stark auf die neue Technik. 2009 wurde die Hälfte der mehr als 1400 Kassen gegen jeweils zwei „Self-Checkout-Geräte" ausgetauscht. Dort müssen die Kunden die gekaufte Ware selbst scannen und bezahlen. Die neue Technik werde gut angenommen, heißt es bei Ikea.
… Beschleunigen lässt sich der Kassiervorgang nicht. Im Gegenteil. „Wenn ein ungeübter Kunde selbst auscheckt, dauert der Kassiervorgang meist zwei- bis dreimal länger, als wenn eine geübte Kassiererin das übernimmt."
… Als wichtiger Vorteil gilt jedoch, dass sich die empfundene Wartezeit stark verkürzt.

Süddeutsche Zeitung vom 5.03.2010

Computer werden zunehmend in vielen Arbeitsbereichen eingesetzt

Betroffene berichten

Anke, 35 Jahre: „Ich bin verantwortlich für die Lagerhaltung im Supermarkt Müller. Seitdem wir unsere Warenwirtschaft mit dem Computer durchführen können, lässt sich die Lagerhaltung besser planen und Lagerkosten sparen. Es passiert kaum noch, dass Waren über mehr als einen Tag im Regal fehlen. Das schätzen Kunden auch."

Tim, 50 Jahre: „Bei uns im Betrieb arbeiten immer weniger Menschen – trotz steigendem Umsatz. Computer ersetzen die menschliche Arbeitskraft. Ich habe damit Probleme. In der Region ist die Arbeitslosigkeit hoch."

Sarah, 45 Jahre: „Ich arbeite bei einem Versandhaus. Der Einsatz von Computern hat die Arbeit sehr erleichtert. Das Heraussuchen der bestellten Textilien aus den Regalen und das Zusammenpacken der Waren wird vom Computer gesteuert. Wir müssen das überwachen. Das ist auch anstrengend, aber nicht mehr mit schwerer körperlicher Arbeit verbunden."

Tanja, 25 Jahre: „Ich finde es gut, dass ich von meinem PC zu Hause Bücher bestellen und Karten für Konzerte kaufen kann. Da spare ich Zeit."

Aufgaben

A

1 Was spricht für und gegen Kunden als Kassierer (siehe auch S. 10, 11).

2 Schätzt die Stellungnahmen der Betroffenen ein.

3 Befragt Eltern und Nachbarn danach, wie sie den zunehmenden Einsatz von Computern am Arbeitsplatz einschätzen.
Nutzt dazu die Methode Befragung.

Wege zum nachhaltigen Umgang mit Energie

1 So geht es nicht weiter, aber wie denn sonst?

Für viele Lebensgewohnheiten verbrauchen wir Energie. Das ist für uns selbstverständlich, wird allerdings auch immer teurer und belastet die Umwelt.

Beim Verbrauch von Energie entsteht z.B. das klimaschädliche → Treibhausgas → Kohlenstoffdioxid → CO_2.

Techniker forschen nach Alternativen. Energieträger wie Sonne, Wind und Wasser sollen mehr als bisher nutzbar gemacht werden.

Auch bessere Energienutzung und -einsparung helfen CO_2 zu vermeiden.

Eines ist klar. Wir alle müssen unseren Energieverbrauch kritisch unter die Lupe nehmen und im Ganzen verringern.

Beispiele: Energiebedarf pro Stunde in Watt (ca.-Angaben)

	PC	Flachbildschirm	Laptop
Ein	41	19	12
Stand-by	2,3	0,4	1,3
Aus	1,4	0,3	0,7

Nach: **EU-Energy Star**, www.eu-energystar.org ▸ deutsch ▸ Energierechner ▸ Energierechner PC-Geräte

▸ **Leitauftrag** Welche „Energiesünden" stecken in Jans Wunschzettel? Nehmt euch nach Bearbeiten dieses Kapitels die „Sünden" noch einmal vor. Macht Änderungsvorschläge.

B **Auf einen Blick**

Ihr benennt Probleme, die für eine nachhaltige Energienutzung bedacht werden müssen.

Ihr erklärt wie der Energieeinsatz bei PKW durch neue Techniken verringert werden kann.

Ihr beschreibt Möglichkeiten zur Erzeugung und Nutzung erneuerbarer Energien.

Ihr reflektiert, wie bei Wohngebäuden und im privaten Haushalt Energie nachhaltiger genutzt werden kann.

Ihr wendet euer Wissen wirksam im Familienhaushalt an.

2 Geringerer Energiebedarf – Beispiel Automobilbau

Was getan wird

Seit langem arbeiten Ingenieure daran, den Treibstoffverbrauch zu senken durch

- Motoren, die den Treibstoff besser nutzen,
- leichtere Autos mit geringerem Luftwiderstand,
- alternative Antriebsformen.

Noch immer werden vorwiegend Autos mit starken Motoren hergestellt und gekauft (siehe **M1**, S.81). Doch auch die Automobilindustrie wirbt jetzt für umweltfreundliche Autos.

Mineralöl wird noch knapper – der Hybridmotor als Alternative

Dieser ist eine Kombination von Verbrennungs- und Elektroantrieb. Beim Beschleunigen arbeiten beide gemeinsam.

Dabei kann ein kleiner Verbrennungsmotor mit geringer Leistung verwendet werden. Bergab und beim Bremsen wird ein Teil der Energie in die Batterie zurückgeführt. Letzteres ist besonders bedeutsam im Stadtverkehr.

Wird wenig Antriebsleistung benötigt, schaltet sich der Verbrennungsmotor ab und die Batterie liefert die benötigte Energie für den Elektromotor. Dieser ist in der Regel geräusch- und wartungsarm. Er erzeugt keine klimaschädlichen Abgase. Für kürzere Strecken ist der Hybridantrieb dem herkömmlichen Motor überlegen.

Die Technik verbessert sich weiter. Alle großen Automobilhersteller arbeiten daran. Noch sind die Hybrid-Pkw etwas teurer als herkömmliche Fahrzeuge.

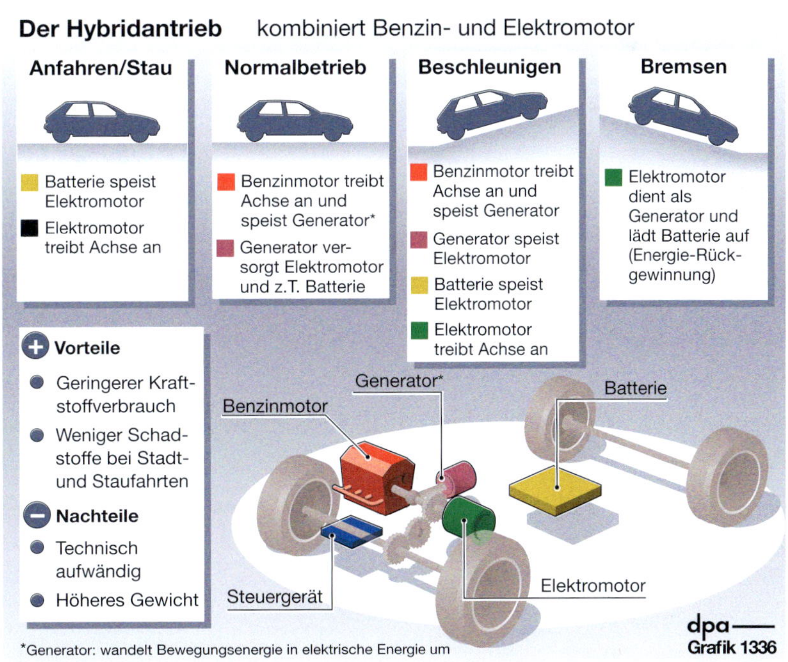

Wasserstoff als Energieträger

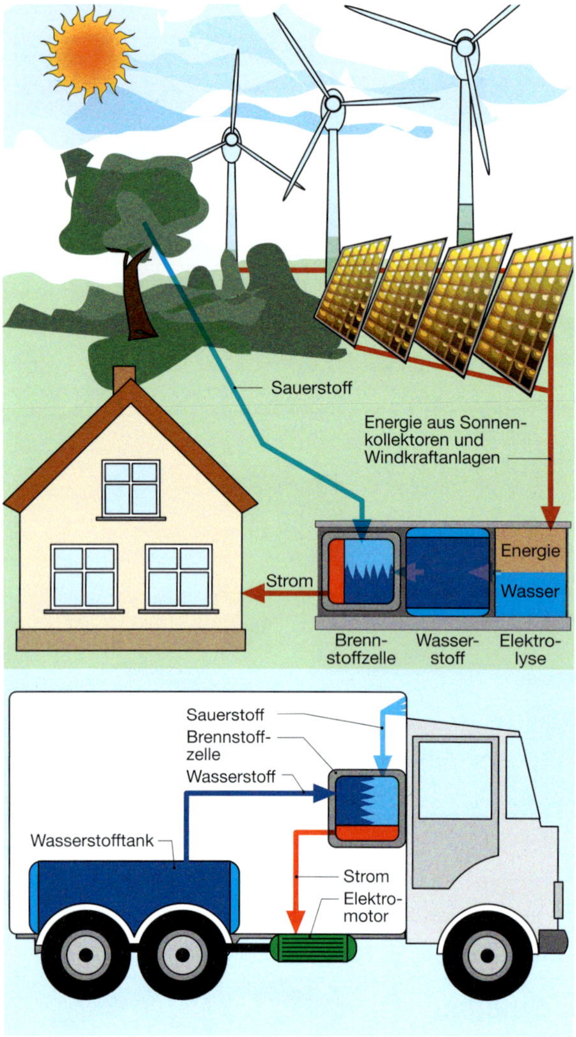

Eine Brennstoffzelle erzeugt aus → Wasserstoff und Sauerstoff elektrische Energie. Der Wasserstoff wird aus Wasser mit Einsatz von Energie gewonnen und in Tanks gelagert. Die Energie können Sonnenkollektoren und Windkraftanlagen erzeugen.

Der → Sauerstoff entsteht durch unsere Pflanzen aus CO_2.

Eine Brennstoffzelle kann dann z.B. den Strom für einen Haushalt liefern oder den Elektromotor eines Lkw antreiben.

Auto mit Brennstoffzellenantrieb

Die Brennstoffzellen-Einheit ist so groß wie eine Autobatterie. Zusammen mit dem Elektromotor hat sie z.B. unter der Fronthaube Platz. Noch ist die Technik nicht ausgereift und teuer. Könnten größere Mengen verkauft werden, würde der Preis sinken. Der Transport von Wasserstoff ist ebenfalls noch teuer und auch gefährlich. Die Nutzung von Sonnenenergie ist besonders wichtig, um den Brennstoffzellenantrieb preiswerter zu machen und Erdöl langfristig zu ersetzen.

Was kurzfristig möglich ist: Beispiel VW

2006 führte VW den Polo BlueMotion ein, der auf 100 gefahrene Kilometer 3,9 l Diesel benötigt. Vorher waren es 4,4 Liter. Pro Kilometer fallen ca. 100 g CO_2 (statt ca. 120 g) an. Erreicht wurde das u.a. durch:

- geringeren Luftwiderstand (Verkleidung des Unterbodens, Frontgestaltung),
- technische Verbesserung des Motors,
- längere Getriebeübersetzung, um niedertouriger fahren zu können,
- Senkung des Rollwiderstandes der Reifen.

A

Aufgaben

1 Nehmt Stellung zu dem Gespräch auf der Automesse auf S. 75.

2 Beschreibt, wie der Hybridantrieb wirkt und welche Vorteile er hat.

3 Erklärt die Arbeit der Brennstoffzelle und die Nutzung im Auto.

4 Berechnet für 10 000 km den ersparten Treibstoff in Liter und die Verringerung des CO_2-Ausstoßes beim VW Polo BlueMotion im Vergleich zur bisherigen Technik.

5 Informiert euch über Energiespartechnik bei Pkw (siehe dazu **M1**, S. 81). Nutzt das Internet, z.B. Kfz-Hersteller, ADAC oder www.wikipedia.de ▸ Energiesparende Fahrweise ▸ Niedrigenergiefahrzeug.

6 Bedenkt auch Energiesparmöglichkeiten durch das Fahrverhalten (siehe S. 80).

3 Energie sparen durch Altbausanierung

Familie Kern (Eltern und 3 Kinder) hat zu einem niedrigen Preis ein Haus mit 150 m² Wohnfläche gekauft, das 30 Jahre alt ist. Vorher wurde das Haus viele Jahre nicht mehr modernisiert.

Ein Baufachmann überprüfte den Bauzustand und den Energiebedarf für Heizung und Warmwasserbereitung.

Beim Kauf war Kerns klar, dass anschließend eine gründliche Sanierung notwendig ist. Vor allem die Senkung des Energiebedarfs war ihnen wichtig.

Im Moment fallen für Heizung und warmes Wasser pro m² und Jahr 185 → Kilowattstunden (kWh) an, insgesamt 27 750 kWh.

Typische Schwachstellen in Altbauten zeigt das mit einer → Wärmebildkamera gemachte Foto. Dabei zeigen die Farben (siehe unten rechts) Stellen, bei denen viel Wärme entweicht.

Aussagen des Baufachmanns:

Wenn Sie sanieren, können Sie fast 70 % Energie sparen. Sie brauchen dann nur noch 57 kWh pro m³ und Jahr, also insgesamt 8550 kWh. Besonders empfehle ich Ihnen:

1. Schaffen Sie neue Fenster mit einer Dreifach-→ Wärmeschutzverglasung an. Das allein spart ca. 4800 kWh/Jahr.
2. Denken Sie auch an eine Lüftungsanlage. Sie sichert gute Luftqualität und gewinnt Wärme aus der gebrauchten Luft zurück (siehe dazu **M2**, S. 81).
3. Die Dämmung der Außenwände erspart Ihnen 5250 kWh/Jahr. Hierbei werden Dämmstoffplatten, die wenig Wärme leiten, auf dem Außenputz befestigt. Darauf wird der neue Putz aufgetragen. Das kühlt zusätzlich im Sommer und erhöht den Schallschutz. Wichtig sind Dämmstoffe, die sich umweltgerecht entsorgen lassen.

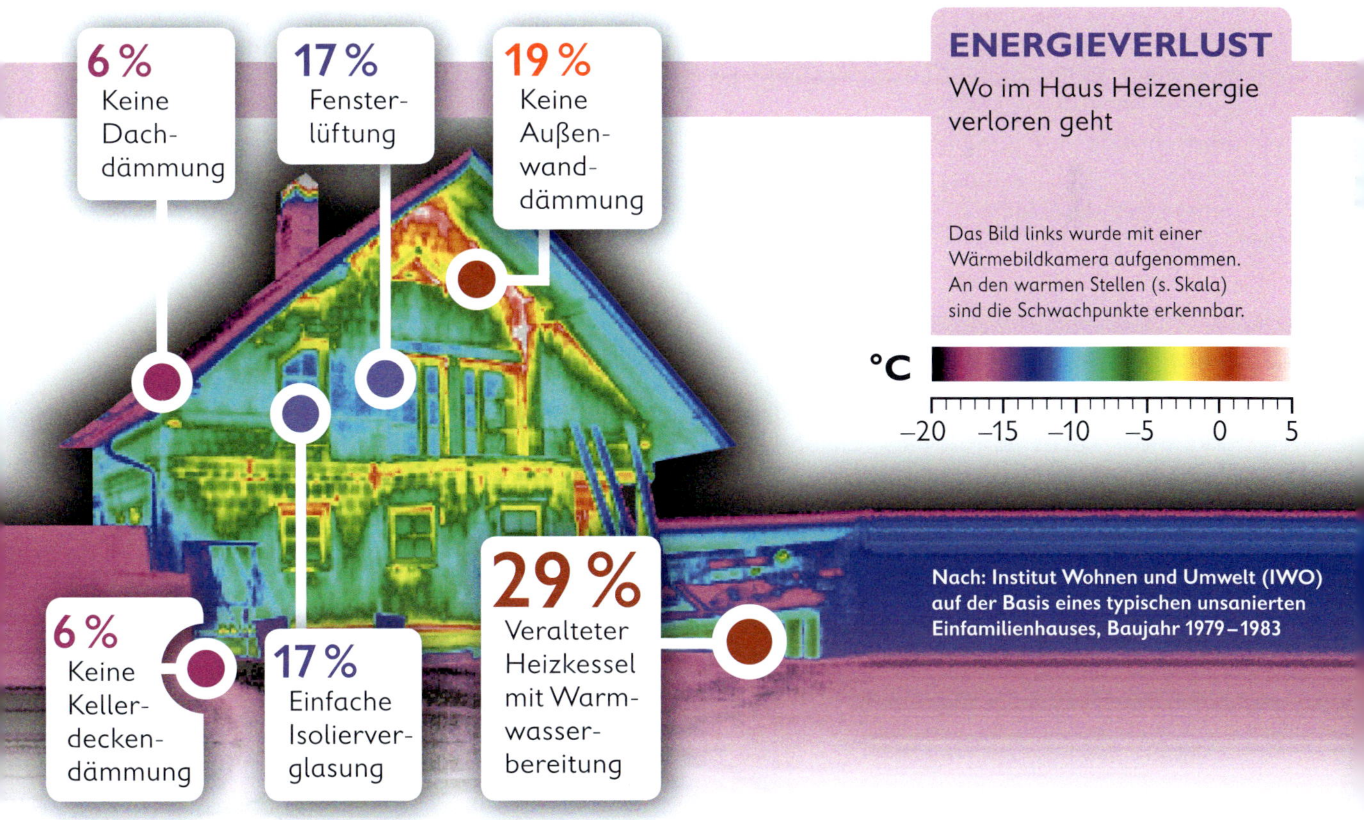

4. Bedenken Sie auch die Dämmung des Daches und der Kellerdecke.
5. Besonders lohnt sich für Sie, die alte Anlage für Heizung und Warmwasser zu erneuern. Ich empfehle ein Erdgas-Brennwertgerät, kombiniert mit einer Solarwärmeanlage. So nutzen Sie die Wärme der Sonne. Die gibt es im Überfluss und kostet nichts. Das spart ca. 8050 kWh/Jahr.
6. ... Übrigens: Der Staat (Bund, teilweise Länder und Gemeinden) fördert die Wärmedämmung und die Erzeugung von Solarwärme. Ob sich die vorgeschlagenen Maßnahmen im Einzelnen finanziell lohnen, hängt auch von den Energiepreisen in der Zukunft ab.

Das Prinzip einer Solarwärmeanlage
Die Sonnenkollektoren speichern die Sonnenstrahlen. Eine Wärmeträgerflüssigkeit, die sich auch in den Kollektoren befindet, gibt die Wärme in den → Solarspeicher weiter. Dort wird sie auf das Wasser der Heizung und das Brauchwasser (z.B. Trinkwasser) übertragen. Die Wärmeträgerflüssigkeit fließt dann in die Kollektoren zurück, um sich erneut zu erwärmen. Solarwärme steht nur zur Verfügung, wenn die Sonne scheint. Sie nutzt erneuerbare (regenerative) Energien. ▸

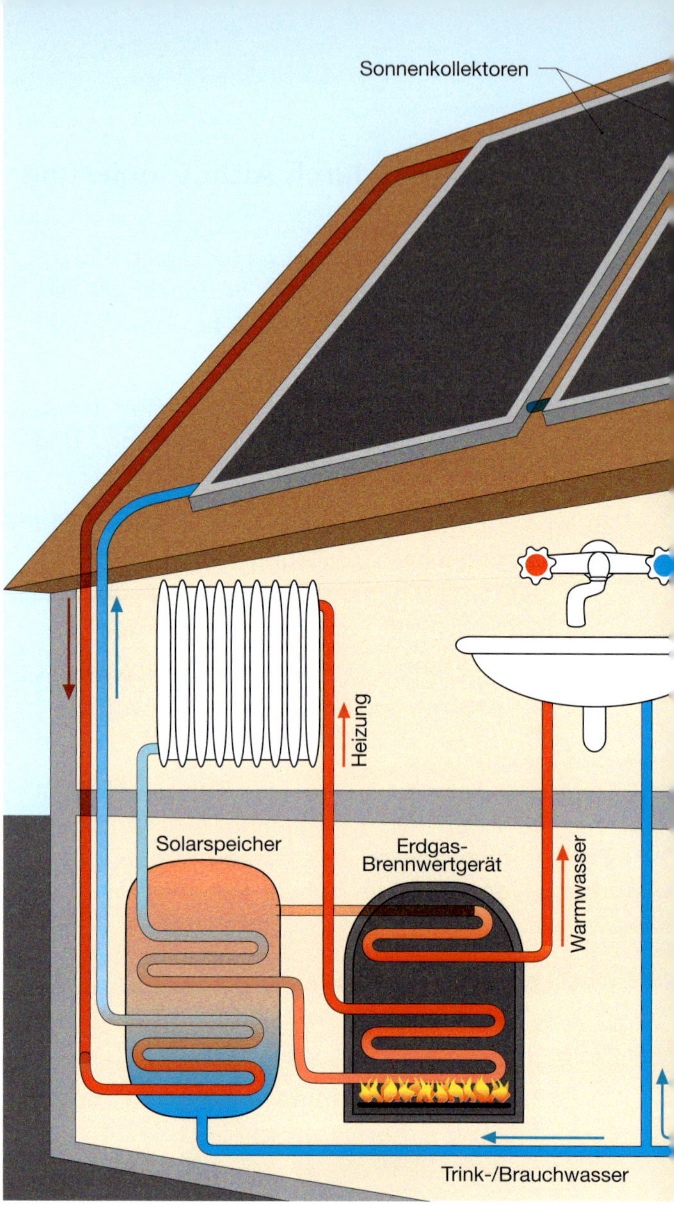

Aufgaben

1 Wie viel Energie und wie viel Energiekosten können Kerns einsparen? Erkundet dazu den Preis für Erdgas (1 m³ Erdgas = Energiewert von 10 kWh).

2 Kerns liegt ein Angebot über 10 000 € für die Dämmung der Außenwände vor. Für Zinsen und Tilgung des dafür benötigten Kredits wären pro Jahr 700 € fällig, 20 Jahre lang. Vergleicht den Betrag mit der Einsparung an Kosten für Erdgas (s. dazu Punkt 3, S. 77). Wie würdet ihr entscheiden?

3 Erklärt, wie eine Solarwärmeanlage und eine Wärmerückgewinnung (M2, S. 81) arbeiten.

4 Warum fördert der Staat das Energiesparen und den Einsatz erneuerbarer Energien?

5 Befragt eure Eltern zur Heizung und Wärmedämmung eurer Wohnung. Ermittelt die Energiekosten. Wie könnte in eurer Familie Heizenergie gespart werden?
Vergleicht auch den Gaspreis der Anbieter in eurer Gemeinde, z. B. www.verifox.de.

4 Energie sparen zu Hause – das können wir tun

Beleuchten, Heizen und Lüften
- Energiesparlampen nutzen
- Raumtemperatur überprüfen (siehe unten)
- kurz und gründlich lüften
- Heizkörper nicht verhängen bzw. zustellen, Luft muss zirkulieren können

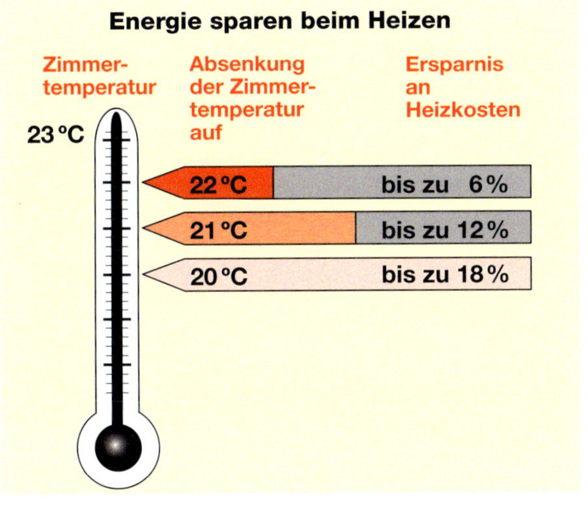

Unterhaltungselektronik
Stand-by-Schaltungen vermeiden
energiesparende Fernseher und PC-Monitore kaufen (siehe Tabelle S. 74)

(Warm-)Wasser nutzen
- Das Tropfen von Wasserhähnen beseitigen.
- Prüfen, ob es reicht, Hände kalt zu waschen. Bis Warmwasser fließt, gehen Wasser und Energie verloren. Kurz Duschen, beim Einseifen ausschalten.
- Sparduschköpfe, die Wasserdurchlauf begrenzen, nutzen (Informationsmaterial im Fachhandel oder Internet besorgen); Kosten und Wassersparnis ermitteln.

Kochen, Kühlen, Spülen und Waschen
- Beim Elektroherd Plattengröße beachten (nicht größer als der Topf), früh ausschalten, Nachwärme nutzen.
- Kühl- und Gefrierschrank kurz öffnen, regelmäßig abtauen (sichert Kühlwirkung). Energiebedarf von Altgeräten prüfen (Zähler leiht oft der Stromversorger) und mit Neugeräten vergleichen (Zeitschrift „test“). Evtl. lohnt ein Neukauf; dabei auf Energielabel (Folgeseite) achten.
- Wasch- und Spülmaschine voll beladen; energiesparendes Programm wählen.
- Test für Neugeräte (Wasch- oder Spülmaschine) lesen und umweltgerechtes Gerät auswählen.

Energielabel der EU
Es muss an Haushaltsgeräten angebracht sein und enthält Angaben zu: Energie- und ggf. Wasserverbrauch, Größe, Lautstärke.
Zu den Farben gehört eine Verbrauchsgruppe mit einem Buchstaben. Das zeigt, wie günstig ein bestimmtes Gerät ist. A^{++} steht für die günstigsten Werte.

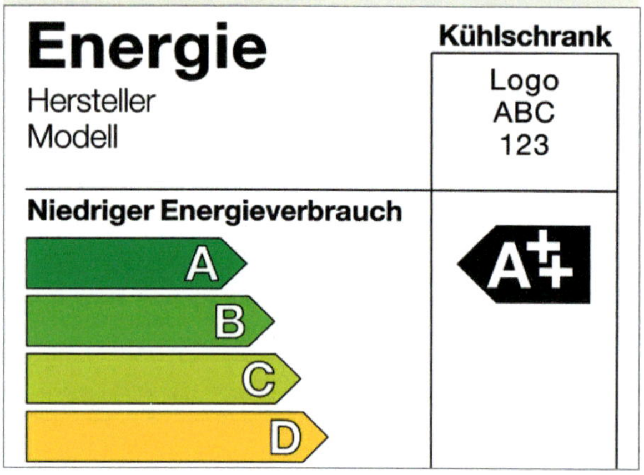

Angebot von Ökostrom prüfen

- Feststellen, wer → Ökostrom in der Region anbietet. Ökostromkunden helfen, den Strom aus Kernenergie sowie CO_2 zu reduzieren.
- Tarife vergleichen. Teilweise sind Ökostromtarife günstiger als Standardtarife. Dazu Angebote einholen, z.B. www.lichtblick.de, und mit lokalem Anbieter vergleichen. Dazu hilft: www.verivox.de.

Mobilität und Verkehr

- Umweltgerechte Verkehrmittel nutzen: Fahrrad oder Bus statt Auto möglich bzw. sinnvoll? CO_2-Ausstoß und Kosten für Familienauto ermitteln.

Tests nutzen:
www.adac.de ▶ Tests ▶ Autotests ▶ EcoTest
www.vcd.org ▶ Themen ▶ Auto & Umwelt ▶ VCD Auto-Umweltliste

- Beim Autokauf auf Verbrauch und Umwelteigenschaften achten (siehe S.75).
- Prüfen, ob Eltern/Geschwister energiesparend fahren (siehe Kasten).

Beim Autofahren 30 % Treibstoff sparen

1. unnötiges Gewicht und Aufbauten, die den Luftwiderstand vergrößern, vermeiden
2. mit vollem Reifendruck fahren
3. sofort losfahren, Warmlaufenlassen schadet dem Motor
4. zügig beschleunigen, niedertourig im höchstmöglichen Gang fahren
5. Höchstgeschwindigkeit vermeiden
6. vorausschauend fahren, nicht ständig bremsen und wieder Gas geben
7. ausrollen lassen statt bremsen
8. Motor bei kürzeren Standzeiten abstellen
9. Klimaanlage, Gebläse, Sitz- und Heckscheibenheizung nur bei Bedarf nutzen
10. regelmäßig Inspektion machen lassen
11. Kurzstreckenfahrten vermeiden
12. bei unbekannter Strecke Navigationsgerät oder Routenplaner nutzen

Nach:
Transfer 21 Nordrhein-Westfalen
„Agenda 21 in Schule und Jugendarbeit“
www.agenda21schulen.de ▶ Projekte ▶ Ch@t der Welten ▶ Erdöl im Regenwald ▶ Europa ▶ Energiesparend Autofahren

A Aufgaben

1 Beurteilt die Aussagen in der Karikatur auf S.79 und entdeckt die Energiesünden.

2 Welche Temperatur hat euer Klassenraum bzw. der Raum, in dem du Hausaufgaben machst? Wie wird gelüftet? Was solltet ihr ändern (s. auch S.85)?

3 Wie kannst du beim Duschen sparen?

4 Ermittelt den Strombedarf eines älteren Kühl- oder Gefrierschranks. Vergleicht mit einem aktuellen Test.

5 Vergleiche den Stromtarif zu Hause mit anderen Anbietern. Beziehe Ökostrom ein.

6 Diskutiert die Vorschläge zu Mobilität und Verkehr sowie zum Treibstoff sparen.

5 Weiterführendes Material

M1 Energiesparmöglichkeiten bei Kraftfahrzeugen ausschöpfen

Das Umweltbundesamt schätzt bis 2050 die Möglichkeiten zum Energiesparen bei Pkw auf etwa 70 % und bei Lkw auf rund 40 % (verbesserte Motoren, geringeres Gewicht). Bei herkömmlichen Antriebsarten lassen sich bis zu 30 % des Verbrauchs mit geringen Mehrkosten einsparen (kleinere Motoren, automatische Getriebe, Hybridantriebe).
Zwar sind die Motoren verbrauchsgünstiger geworden, bessere Ausstattung und leistungsstärkere Motoren benötigen jedoch mehr Energie. Das Ziel der EU, mit besserer Technik 2012 im Durchschnitt der Pkw-Neuzulassungen 130 g CO_2/km zu erreichen, steht infrage.

Nach: **Umweltbundesamt**: Jahresbericht 2006. Dessau 2007, S. 47 f. www.umweltbundesamt.de ► service ► Suche: Jahresberichte

2009 verabschiedete die Bundesregierung den Nationalen Entwicklungsplan Elektromobilität. Darin heißt es: „Um im internationalen Wettbewerb zu bestehen, muss Deutschland zum Leitmarkt Elektromobilität werden und die Führungsrolle von Wissenschaft sowie der Automobil- und Zulieferindustrie behaupten." Das Ziel ist bis 2020 eine Million Fahrzeuge mit elektrischem Antrieb. Der Bund fördert Elektromobilität mit 500 Millionen Euro.

Umweltbundesamt (2010): Schwerpunkt 2010, Dessau 2010, S. 19 http://www.umweltdaten.de/publikationen/fpdf-1/3772.pdf

M2 Wie eine Lüftungsanlage mit Wärmerückgewinnung Energie spart

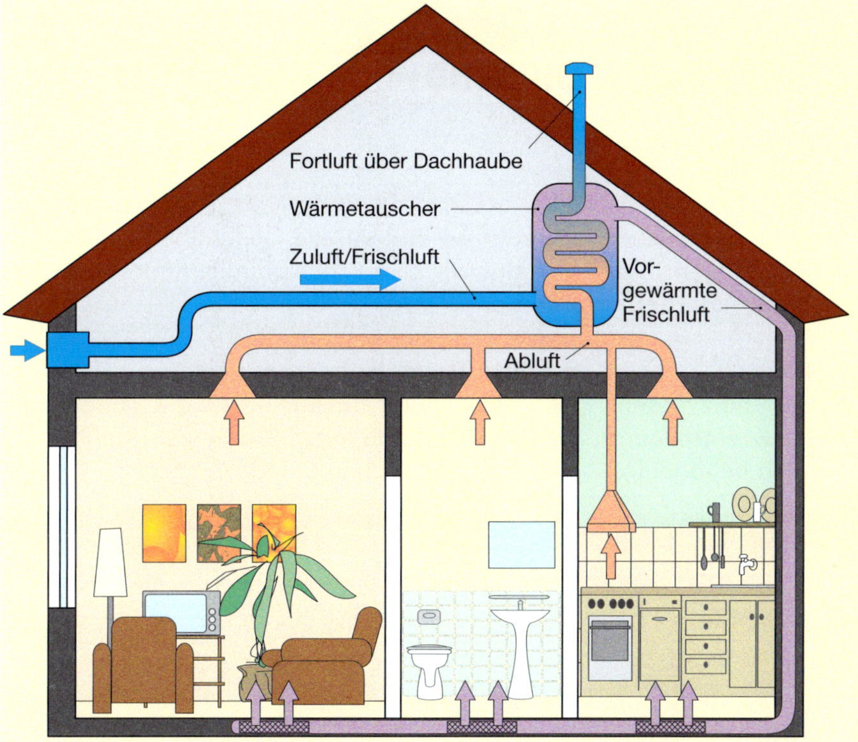

- verbrauchte, feuchte Luft wird andauernd abgesaugt (hellrote Pfeile)
- frische Luft strömt ins Haus (blauer Pfeil)
- die Frischluft wird durch einen Wärmetauscher an der Abluft vorgewärmt
- die frische vorgewärmte Luft wird in den Wohnbereich geleitet (violette Pfeile)
- die Energieverluste durch Lüftung sinken auf bis zu 10 % der bisherigen Menge

Nachhaltig handeln in eurer Schule: ein Projektvorschlag

1 Wie kann eure Schule nachhaltig gestaltet werden?

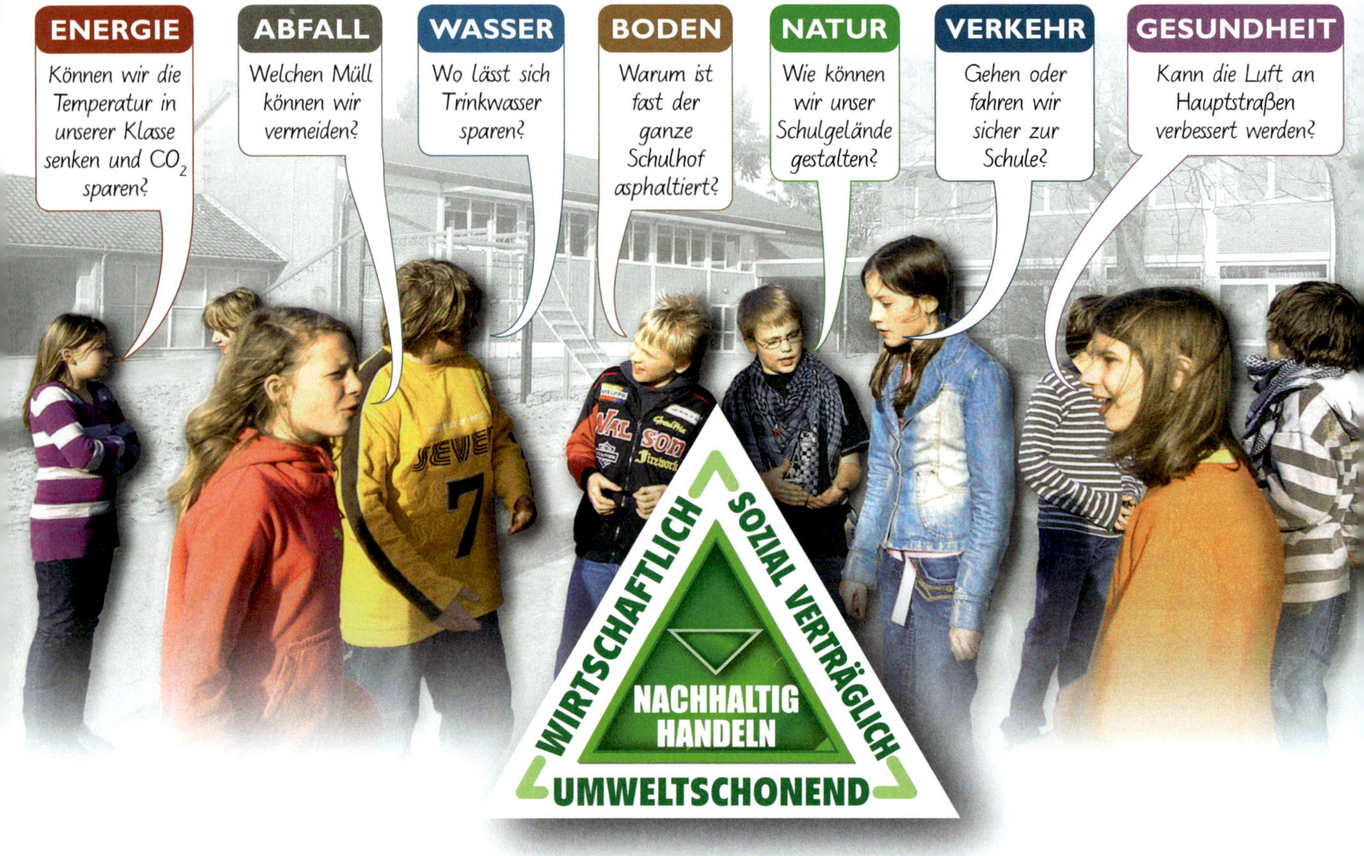

Schule als Lebensraum

Ihr verbringt viel Zeit in der Schule. Sie ist euer Lebensraum. Ihr wollt euch wohlfühlen. Das Lernen soll Freude machen. Dazu kann eine Schule beitragen,

- die wir umweltgerecht gestalten,
- in der wir sparsam mit Energie und Wasser umgehen, Abfälle vermeiden bzw. entsorgen,
- in der wir Einrichtungen pfleglich behandeln,
- in der wir auf unsere Gesundheit achten,
- in der wir rücksichtsvoll miteinander umgehen.

▸ **Leitauftrag** Findet Antworten zu den Fragen der Schüler für eure Schule. Ordnet diese dem Nachhaltigkeitsdreieck zu. Nennt Beziehungen zwischen den Bereichen.

B Auf einen Blick

Ihr diskutiert an Beispielen was bei einer nachhaltigen Gestaltung einer Schule zu bedenken ist.

Ihr erkundet, wie die Arbeit in eurer Schule aus umweltbezogener, wirtschaftlicher und sozialer/gesundheitlicher Sicht einzuschätzen ist.

Ihr plant eine Maßnahme zum nachhaltigen Handeln, führt diese durch und wertet sie aus.

2 Gestaltung unserer Schule: umweltschonend, wirtschaftlich, sozial

Projektideen werden konkreter

Auf S.82 wurde bereits angesprochen, was zur Förderung von Nachhaltigkeit in der Schule bearbeitet werden könnte.
Zur Planung eures Projektes, also zur Festlegung der Ziele und Schwerpunkte sowie der Formen der Erarbeitung, könnt ihr die Methode Projektarbeit (Folgeseite) heranziehen.

Ein Punkt soll hier herausgehoben werden: die Bedeutung der Unterstützung durch die Schulleitung und den Hausmeister.

Nachhaltigkeit – wo steht eure Schule?

Bearbeitet folgende Schwerpunkte in Gruppen:
- Energie und Wasser sparen
- Abfall vermeiden und verwerten
- Schule und Schulgelände naturnah gestalten
- Verkehrsbelastungen verringern und Schulwege sichern

Innerhalb der Schwerpunkte kann an einer Fragestellung gearbeitet werden. Diese solltet ihr noch mehr auf eure Schule beziehen.

Die folgenden Seiten enthalten Hinweise
- zu den inhaltlichen Schwerpunkten und
- zur Gewinnung von Informationen.

A Aufgaben

1 Informiert euch über die Methode Projektarbeit (siehe S.49). Sprecht über die Bedeutung der Unterstützung durch die Schulleitung und den Hausmeister. Überlegt, wie ihr diese für euer Projekt gewinnen könnt.

2 Stellt zusammen, welche Informationen ihr benötigt, um euch für Schwerpunkte eures Projekts zu entscheiden.
Nutzt dazu die Folgeseiten sowie:
www.umweltschulen.de und
www.agenda21-treffpunkt.de
▸ Unterrichtsmaterialien

Wertet die Informationen unter eurer Fragestellung kritisch aus.

3 Welche Techniken müsst ihr noch erarbeiten, um z.B. die Informationen zu eurer Schule zu gewinnen (siehe „Methoden auf einen Blick“ im Buchdeckel vorne)?

3 Informationen zu möglichen Projektschwerpunkten

Energie und Wasser sparen in der eigenen Schule

Ihr erarbeitet, was ihr tun könnt, um Energie zu sparen. Ihr spürt am eigenen Leib, wenn Räume nicht richtig beheizt oder Arbeitsplätze unangemessen beleuchtet sind. Ihr stellt z.B. fest, ob Hähne tropfen, die Toilettenspülung leckt oder das Wasser in der Dusche der Sporthalle zu heiß ist.

Mit einfachen Mitteln lassen sich wichtige Bereiche der Energie- und Wassernutzung bewerten und verbessern. Damit wird die Umwelt entlastet und Geld eingespart.

Viele Schulträger bieten den Schulen als Anreiz zum Energie- und Wassersparen einen Teil des eingesparten Geldes zur freien Verwendung an – hier kommen leicht einige Tausend Euro pro Jahr zusammen. Damit kann dann z.B. die Attraktivität der Schule erhöht werden.

- Notiert für eine Woche morgens und nach Schulschluss für jeden Strom- und Wasserzähler den Stand und ermittelt den Verbrauch. Erstellt dazu eine Tabelle.
- Besorgt euch von den letzten beiden Jahren Daten zum Strom- und Wasserverbrauch sowie zur Heizenergienutzung und zu den Kosten. Fertigt eine Übersicht als Poster an.

Im Folgenden findet ihr Vorschläge für Aktivitäten. Mehr Informationen bietet das Projekt „fifty/fifty" der Hamburger Schulen: http://lbs.hh.schule.de ▸ Themen ▸ Klimawandel ▸ fifty/fifty-Projekt

Stromnutzung:

- Untersucht die Helligkeit in den Klassen (empfohlen: 300 Lux, Maßstab für Beleuchtungsstärke). Lasst diese durch Schüler einschätzen und/oder nutzt ein Lux-Messgerät. Informationen unter: www.wikipedia.de ▸ Luxmeter
- Erarbeitet, wie die Lichtstärke angepasst werden kann und ob Möglichkeiten dafür genutzt werden. (Meistens reicht das Lichtband an der Wandseite.)
- Werden Energiesparlampen benutzt?
- Wird das Licht in den Pausen bzw. nach Schulschluss immer ausgeschaltet?
- Brennt Licht in nicht genutzten Räumen?
- Wurden PCs, Drucker und Monitore (!) nach der Benutzung ausgeschaltet (nicht im Stand-by-Betrieb belassen und möglichst ganz vom Stromnetz nehmen)?

Heizenergienutzung:

- Wird richtig gelüftet (Stoßlüften zu Beginn der Stunde statt Dauerlüften)?
- Sind Fenster und Türen dicht?
- Sind die Heizkörper auf die vorgesehene Temperatur in den Räumen eingestellt (Messungen in der Raummitte bei geschlossenen Fenstern zu Beginn und zum Ende des Unterrichts vornehmen)?
- Wie erfolgt die Absenkung der Temperatur über Nacht und in schulfreien Zeiten?
- Sind Boiler dauernd eingeschaltet?

Wassernutzung:

- Hat die Toilettenspülung eine Spartaste?
- Wird diese angemessen genutzt?
- Sollte die Wasserdurchflussmenge bei Wasserhähnen reduziert werden? Zum Händewaschen reicht wenig Wasser.
- Zeigen Wasserzähler, ohne dass Wasser genutzt wird, Verbrauch an (Leitungsleck)?

Solltemperaturen für Schulräume*

22 °C
Wasch- und Umkleideräume

20 °C
Unterrichtsräume, Aufenthaltsräume, Lehrerzimmer, Verwaltungsräume

17 °C
Sporthallen

12 °C bis 15 °C
Werkstätten

10 °C
Toiletten, Flure, Treppenhäuser, Garderoben, Pausenhallen

* Die Temperaturangaben sind Richtwerte der „Heizungsbetriebsanweisung".

Mit Wettbewerben Energie sparen:
Hamburger Schüler haben Wettbewerbe in der Schule zwischen Klassen und als Poker-Spiel zwischen Schulen durchgeführt. Über eine Heizperiode wurde das Sparverhalten bei Energie kontrolliert und bepunktet. Der Sieger erhält einen Gewinn.
Näheres bei:
http://lbs.hh.schule.de ▸ Themen ▸ Klimawandel ▸ fifty/fifty-Projekt ▸ Wettbewerbe

Abfall in der Schule vermeiden und verwerten

Vermeidung und Verwertung sind ein wichtiges gesellschaftliches Problem. Hier sollte Schule beispielhaft handeln:

- Wie viel Abfall fällt pro Jahr an (Restmüll, Papier, Glas, Verpackungen, ...)?
- Menge ermitteln (Behältergröße mit der Anzahl der Leerungen multiplizieren).
- Was kostet die Entsorgung pro Jahr?
- Was wird getrennt gesammelt (Wertstoffe, Schadstoffe)? Was geschieht damit?
- Welche Sammelbehälter sind in den Klassen?
- Wie werden diese genutzt?
- Welcher Müll könnte vermieden werden?
- Wie viel ließe sich dadurch einsparen?

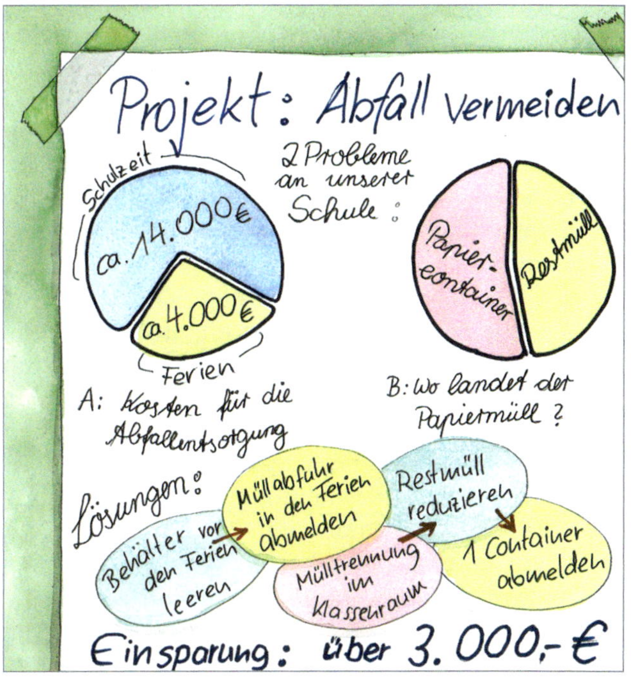

Alles klar?

Der Computer – eine informationsverarbeitende Maschine

Schreibe die **Lösungen der Aufgaben 1–5** in einem Textverarbeitungsprogramm am PC. Schreibe zuerst deinen Namen **oben auf die Seite** und darunter als Überschrift: Lösungen zu den Aufgaben: „Der Computer – eine informationsverarbeitende Maschine". Fange nun mit der Lösung der Aufgaben an.

1 Beschreibe je zwei Anwendungen der Nutzung von Computern
- im privaten,
- im beruflichen

Bereich.

2 Nenne Gegenstände (Hardware), die zu einem PC-Arbeitsplatz gehören.

3 Nenne wichtige Anwendersoftware, die du nutzt, wenn du einen Zeitungsausschnitt per E-Mail versenden möchtest.

4 Begründe je zwei Vorteile und Nachteile des verstärkten Einsatzes von Computern.

5 Werden wir zu gläsernen Menschen? Was können wir dagegen tun? Lies dazu den Auszug aus einem Kommentar.

Macht der IT-Konzerne
Aber die modernen Digitalkonzerne sorgen auch für Konfliktstoff, weil sie Informationen besitzen wie niemand sonst. Kein Geheimdienst der Welt weiß so viel wie die Internet-Firmen.
Facebook weiß von Millionen Menschen, wo sie am Abend vorher waren und mit wem. Google sieht, wer im Netz welche Fragen stellt. Apple kennt den Musikgeschmack der Kunden. E-Mail-Anbieter haben Einblick in den modernen Postverkehr. Die können sich durch elektronische Verknüpfung vieler scheinbar harmloser Informationen vom Einzelnen ein völlig neues Bild machen.

Büschemann, Karl-Heinz: Digitaler Machtkampf.
In: Süddeutsche Zeitung vom 21./22.08.2010

Die folgenden Aufgaben beziehen sich auf die Nutzung deines Textverarbeitungsprogramms:

6 Führe eine Rechtschreibprüfung für deinen geschriebenen Text durch.

7 Stelle die Schriftgröße 14 und die Schriftart Arial ein.

8 Richte die Spaltenbreite 50 ein.

9 Hebe Zahlen und „Lösungen zu den Aufgaben" **fett** hervor.

10 Stelle als Zeilenabstand zwischen den Antworten zu den einzelnen Aufgaben ½ ein.

11 Füge um die Überschrift einen Rahmen ein.

12 Suche in einer Suchmaschine mit den Stichworten *Computereinsatz Karikatur*. Importiere eine Abbildung in deinen Text. Gib darunter die Quelle an.

Wege zum nachhaltigen Umgang mit Energie

13 Nenne für zwei neue Antriebsformen von Autos je einen Vorteil.

14 Was wird zur Wasserstofferzeugung benötigt?

15 Nenne vier Möglichkeiten, durch Fahrverhalten bei Pkw Treibstoff zu sparen.

16 Nenne Vorteile einer Solarwärmeanlage gegenüber einer Erdgasheizung.

17 Nenne drei Möglichkeiten, zu Hause Energie zu sparen.

Nachhaltig handeln in eurer Schule – ein Projektvorschlag

18 Erkläre, wie ein Raum energiesparend gelüftet werden sollte.

19 Beurteile folgende Einstellung:
Wir sollen in der Schule mehr Energie sparen sowie Müll vermeiden und trennen. Das ist mir aber völlig egal. Ich habe nichts davon.

Globalisierung und Nachhaltigkeit

1 Global oder regional produzieren und vermarkten?

Klimapolitiker:
Bei regionalen Produkten liegt der CO_2-Ausstoß pro Kopf im Durchschnitt bei 1,25 kg und bei eingeführten Produkten bei 39,2 kg. Die Wegestrecke ist dann 32-mal länger. Das müssen wir stärker berücksichtigen.

Verbrauchervertreterin:
Trauben aus Chile 12 000 km per Flugzeug zu transportieren ist eine Klimasünde.
Pro kg Trauben fallen 7,5 kg CO_2 an. Aus hiesiger Produktion sind es 10 g. Das sollten Verbraucher bedenken!

Gewerkschafter:
Arbeitsplätze werden ins Ausland verlagert. Die Qualifikation asiatischer Kollegen steigt. Das drückt hier die Löhne.
Nur wenn wir gute Qualität produktiver herstellen, können wir in der Region produzieren und gut verdienen!

Moderatorin:
Willkommen beim Talk zu nachhaltigem Handeln bei Arbeit und Konsum. Bitte nehmen Sie zuerst kurz Stellung zu folgender Frage:
Ist der weltweite Handel, also die Globalisierung, mit nachhaltigem Handeln vereinbar?

Inhaber Verbrauchermarkt:
Vieles beziehe ich aus der Region, z.B. Milch. Doch Kunden wollen auch Trauben im Winter oder Frühkartoffeln und Mango, die hier nicht wachsen!
Außerdem: Mit T-Shirts aus Asien können z.B. heimische Hersteller nicht konkurrieren.

Unternehmerin:
Ich verarbeite möglichst Milch und Obst von Landwirten aus der Region und anderen Ländern. Aber der Einkauf weltweit ist oft günstiger.
Und ich muss auch auf meinen Gewinn achten.

▸ **Leitauftrag** Welche Interessen werden deutlich? Wie schätzt ihr die Antworten ein? Welche Argumente möchtet ihr noch weiter diskutieren?

B Auf einen Blick

Ihr bedenkt Vor- und Nachteile von regionalem und globalem (weltweitem) Wirtschaften für Produzenten, Händler, Verbraucher, Arbeitnehmer und Bürger.

Ihr berücksichtigt besonders Auswirkungen auf die ökologische und soziale Nachhaltigkeit.

Ihr verfolgt an Beispielen, wie Waren in weltweiter Arbeitsteilung hergestellt werden.

Ihr erläutert, wie Verbraucher durch ihre Kaufentscheidungen regional erzeugte Produktion fördern können.

2 Canon gibt Fertigung in Gießen auf

250 Leute verlieren ihren Arbeitsplatz. Kopierer-Produkton in China angeblich billiger

◂ Die Tür bleibt zu: Canon stellt die Produktion von Kopierern in Gießen ein. Das Werk war einst die modernste Fabrik ihrer Art.

Sie war eine der modernsten Fabriken für Kopierer, heute kann sie gegen den Wettbewerb aus China nicht mehr bestehen. Der Elektronikkonzern Canon verlagert seine Produktion aus Gießen nach China. Durch den Kostendruck in der Produktion kommen nur wenige kostengünstige Standorte infrage, sagt die Sprecherin von Canon.

In den Broschüren … des Werkes ist noch der Stolz der Japaner nachzulesen. „Die hier gefertigten Systeme werden in ganz Europa vermarktet …“

Kritik vom Betriebsrat

Das Ende der Produktion sei keine Folge mangelnder Qualität oder fehlenden Einsatzes der Mitarbeiter. Gerade deswegen habe die Nachricht von der Verlagerung alle Mitarbeiter besonders getroffen, sagt eine Betriebsrätin: „Die Leute sind bedrückt, weil sie nicht wissen, wen die Kündigungen treffen.“ Betriebsrat und Geschäftsführung wollen für die Belegschaft einen Sozialplan aushandeln, der Abfindungszahlungen und die Förderung von Weiterbildung wegen Verlust des Arbeitsplatzes sichert.

Der → Betriebsrat sprach von einer Fehlentscheidung, da die Qualität in China schlechter sei … Aus Sicht des → Managements ist das Aus nicht zu vermeiden. Alle Mitbewerber in Europa hätten ihre Produktion nach Asien verlegt. Experten schätzen, dass Canon in China um 20 % billiger fertigen kann.

150 Menschen sollen weiterbeschäftigt werden und sich künftig auf den Service konzentrieren.

Nach:
Frankfurter Rundschau v. 08.01.2008 (gekürzt)

A **Aufgaben**

1 Nennt Gründe für die Verlagerung der Produktion. Wer hat Vorteile davon?

2 Was bedeutet die Kündigung für Betroffene?

3 Sprecht über die Bedeutung des Sozialplans.

4 In anderen Fällen wurde versucht, durch Kostensenkung (z.B. unbezahlte Mehrarbeit, geringerer Verdienst) → konkurrenzfähig zu werden. Was bedeutet das für die Beschäftigten?

3 Der lange Weg des Erdbeerjogurts

Bis der Jogurt produziert, im Glas mit Deckel sowie mit Etiketten versehen und verkaufsfertig in Pappkisten verpackt ist, braucht es viele Schritte. Bis zur Auslieferung durch das Unternehmen legten die zugekauften Produkte 8447 Kilometer zurück (s. S.90). Das lohnt sich für das Unternehmen, belastet aber die Umwelt. Für Fahrten zu den Einzelhandelsgeschäften kamen noch 668 km hinzu.

Station	Umweltbelastung durch z.B.
Rohstoffgewinnung z. B. Erdbeer- und Zuckerrübenanbau, Milchviehhaltung	Chemikalien zum Pflanzenschutz; Rückstände in der Milch von Düngemitteln der Weiden
Halbfertigprodukte z. B. Erdbeerkonfitüre herstellen, Gläser herstellen	Chemische Konservierungsmittel; Luftverschmutzung durch chemische Industrie
Fertigprodukte z. B. Fruchtjogurt abfüllen, Deckel und Etikett anbringen	Reinigungsmittel in der Abfüllanlage
Verteilung z. B. Fruchtjogurt zum Großhandel transportieren	Abgase von Lastwagen
Gebrauch/Verbrauch z. B. Jogurt im Kühlschrank kühlen	Luftverschmutzung durch Stromerzeugung im Kohlekraftwerk
Entsorgung z. B. Rücktransport der Gläser, Recycling	Abgase von Lastwagen, Luftverschmutzung beim Einschmelzen von Altglas

erwünschte Stoffströme → unerwünschte Stoffströme →

Von Station zu Station fließen Stoffe. Im Beispiel „Erdbeerjogurt" sind Milch und Erdbeeren erwünschte Stoffe aus der Rohstoffgewinnung. Abfälle oder Chemikalien aus Pflanzenschutzmitteln sind unerwünschte Stoffströme in die Umwelt.

A Aufgaben

1 Verfolgt die Transportwege auf S.90.
Errechnet die gefahrenen Kilometer:
- vom Zulieferer zum Zulieferer,
- vom Zulieferer zum Hersteller.

Legt dazu eine Tabelle an.
Bewertet das Ergebnis ökologisch.

2 Sprecht über Folgendes:
Aus der Sicht der Unternehmen rollen die Lastwagen nicht einen Meter zu weit. Die Unternehmen wollen Gewinn machen.
Sprecht über die Vorschläge für nachhaltigere Transporte:
- energiesparende Lkw nutzen und Fahrten verringern (siehe **M1**, S.91),
- Verpackung vereinheitlichen,
- Mehrweggläser einführen,
- Zulieferer in der Nähe suchen,
- umweltfreundlichere Bahn nutzen,
- CO_2-Label anbringen (siehe **M2**, S.91).

Was kann der Konsument durch seine Kaufentscheidungen beitragen?
Sprecht über weitere ökologische Auswirkungen. Betrachtet dazu das Schaubild oben (rechte Spalte) und **M1** auf S.91.

An einem der Standorte des Unternehmens Campina, das weitere Werke in vielen Ländern hat, werden Jogurt und Desserts hergestellt.

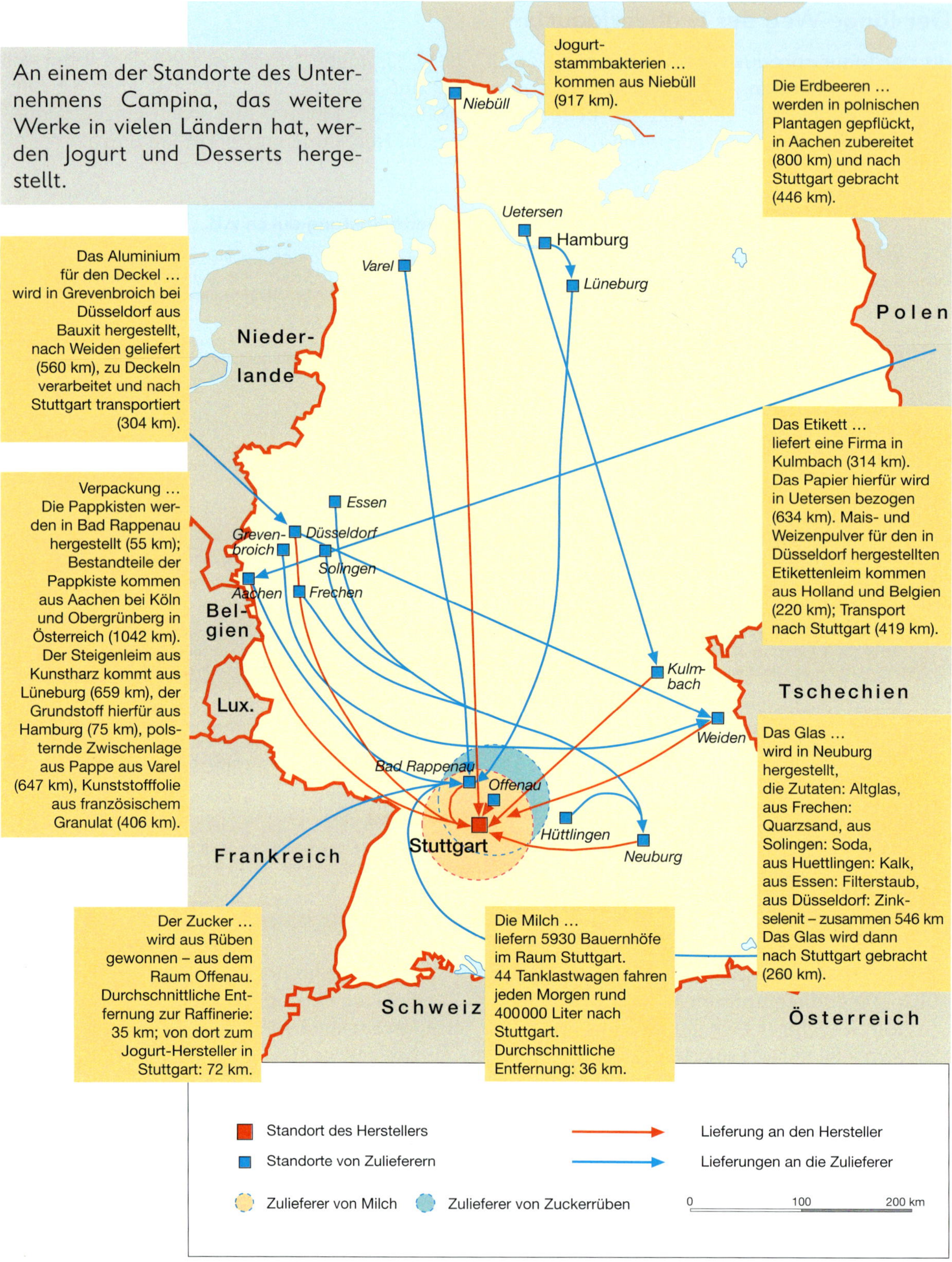

nach: **Stefanie Böge**: Die Wege des Erdbeerjogurts, Diplomarbeit an der Universität Dortmund 1992

4 Weiterführendes Material

M1 Friesland Campina – Nachhaltigkeit bei der Milchverarbeitung

Die Verwendung von fossiler Energie … führt zum Ausstoß von CO_2 (Kohlendioxid). … Deshalb arbeiten wir … aktiv daran, den Energiebedarf in der Milchkette zu reduzieren. Wir haben in den vergangenen Jahren bereits viel erreicht. … zwischen 2005 und 2008 wurde daran gearbeitet, an unseren Produktionsstandorten Energie zu sparen. Unter anderem durch eine effizientere Reinigung unserer Maschinen und die energiesparende Einstellung unserer Kühlanlagen. Die Produktionsstandorte … berücksichtigen den Energieverbrauch auch bei der Anschaffung neuer Maschinen. … Im Jahr 2010 erhöhten wir den Anteil der nachhaltigen Energie an unserem Energieverbrauch auf 15 %. …

Wir möchten zu einer Verbesserung der Nachhaltigkeit in der Produktion von Molkereiprodukten beitragen. Aber eine Voraussetzung muss sein, dass wir weiterhin wirtschaftlich rentabel arbeiten, denn nur dann können wir in diesen Nachhaltigkeitsprozess investieren.

An den Produktionsstandorten arbeiten wir mit Umweltschutzsystemen, um zielgerichtet an der Verbesserung der Energieeffizienz zu arbeiten.

Bei der Verbesserung der Nachhaltigkeit in der Produktion von Molkereiprodukten spielt die Milchviehhaltung eine wichtige Rolle. Sie ist für 67 % der Treibhausgase in der Milchkette verantwortlich. Diese werden vor allem durch das Methan aus dem Pansen der Kuh und das Lachgas, das durch den Kunstdünger entsteht, verursacht. Weitere 17 % entfallen auf die Produktion des Viehfutters. Die Verarbeitung von Milch verursacht den Rest des Ausstoßes: 16 %. …

Innerhalb der Milchkette sollen zwischen 2005 und 2020 zwei % Energie pro Jahr eingespart werden. … Im Jahr 2020 soll die gesamte Energie … nachhaltig erzeugt sein …

Quelle: Nach FrieslandCampina:
www.frieslandcampina.com
Erneuerbare Energien 2011

M2 „CO_2-Rucksack" von Lebensmitteln kennzeichnen

Lebensmittel aus der Region sind klimafreundlich. Sie sind frisch und von guter Qualität. Experten haben herausgefunden: Wenn man im Durchschnitt 10 % mehr regionale Lebensmittel kauft, dann verringert sich der Transport von 1700 km auf 150 km. Das wurde für Österreich ausgerechnet und würde dort eine Reduzierung der Lkw-Kilometer um 166 Mio. pro Jahr bedeuten. Das spart 116 000 Tonnen CO_2. Die CO_2-Transportlast wird „CO_2-Rucksack" genannt. Die britische Supermarktkette ASDA arbeitet zurzeit an „Flugaufklebern" für frisches Obst und Gemüse. ASDA will auch die Flugkilometer sichtbar machen.

www.orf.at/070312-10095/?href=http%3A%2F%2F
www.orf.at%2F070312-10095%2F10024txt_story.html

Arbeiten mit den Materialien

Zu M1
Warum ist Nachhaltigkeit ein wichtiges Unternehmensziel? Welche Transporte sind auf der Karte S. 90 zu sehen? Werke haben sich aus Kostengründen auf einzelne Produkte spezialisiert. Was bedeutet das für den Transport?

Zu M2
Wie könnt ihr euch für regionale Produkte einsetzen? Wie steht ihr zur Kennzeichnung von Produkten mit großem „CO_2-Rucksack"?

Erwerbsarbeit im Wandel

1 Wie werden wir zukünftig arbeiten?

Die deutsche Wirtschaft verändert sich stark. Hauptursachen dafür sind die Entwicklung der Informationstechnik, Herausforderungen in den Bereichen Umwelt und Energie und die zunehmende Verflechtung der Weltwirtschaft. Diese → Globalisierung ist mit steigenden Ausfuhren und Einfuhren verbunden.

Das Institut für Arbeitsmarkt- und Berufsforschung (IAB) sieht folgende Trends:
- hohe Produktivitätssteigerungen im verarbeitenden Gewerbe bei sinkendem Arbeitskräftebedarf, verbunden mit
- technischen Innovationen, z.B. bei Techniken zur Energieeinsparung,
- weniger Arbeitsplätzen bei produktivitätsstarken Dienstleistungsbereichen wie Handel, Verkehr, Kreditwesen,
- mehr Arbeitsplätzen bei unternehmensnahen Dienstleistungen, wie Rechts-, Steuer- und Unternehmensberatung, EDV-Dienste und Werbung.

▸ **Leitauftrag** Findet Antworten auf die Frage der Überschrift.

▲ Die Arbeiten in diesem Hochregallager werden computergesteuert ausgeführt

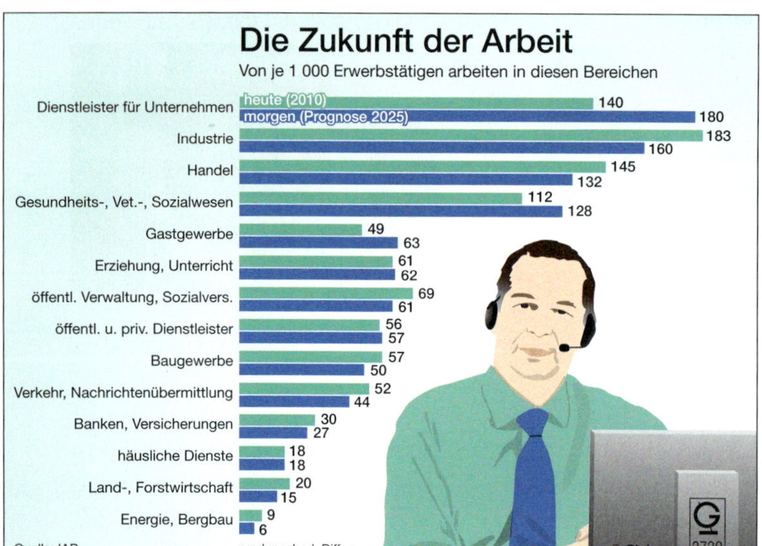

Auf einen Blick

Ihr begründet an Beispielen den Wandel der Erwerbsarbeit.

Ihr erklärt Gründe für den Berufswechsel während des Erwerbslebens.

Ihr entwickelt mit Hilfe der Methode Zukunftswerkstatt eigene Vorstellungen für euer zukünftiges Leben.

B

2 Nach der Umschulung in die Selbstständigkeit

Maren Heise berichtet

„Ich bin 51 Jahre alt und leite seit sechs Jahren meine eigene Sozialstation MOBIL. Wir betreuen pflegebedürftige und kranke Menschen zu Hause. Wie kam es dazu?"

Ausbildung als Näherin

„Nach Abschluss der Hauptschule habe ich Näherin gelernt. Handarbeiten lagen mir. Die Arbeit in der Textilfabrik erfolgte arbeitsteilig. Tagelang nähte ich z.B. bei Hosen nur Taschen ein."

Die Familienphase

„Mit 21 Jahren heiratete ich, bekam bald Jonas und später Mareike. Wegen der Kinder konnte ich keine *Erwerbsarbeit* leisten. Eine Kinderkrippe gab es nicht. Als die Kinder in die Grundschule gingen, arbeitete ich wieder halbtags.
Später, die Kinder waren acht und zehn Jahre alt, wurde ich geschieden. Ich arbeitete wieder Vollzeit. Die Kinder waren erst im Hort und dann ganztags in der Gesamtschule. Ich habe mich weitergebildet. Weil ich gut mit Menschen umgehen konnte, wurde ich Vorarbeiterin."

Der Wettbewerb um die Arbeitsplätze

„1990 schloss die Näherei. Die Lohnkosten waren im Ausland niedriger. Ich wurde arbeitslos. Mit dem *Arbeitslosengeld* konnte ich kaum auskommen.
Das Arbeitsamt empfahl mir eine Umschulung zur Altenpflegehelferin. Mir wurde gesagt, das sei ein Zukunftsberuf, weil die Zahl pflegebedürftiger Menschen steigt. Nach erfolgreichem Abschluss fand ich erst keine Arbeit. Ich wollte wegen der Kinder nicht umziehen. Ich hatte Aushilfsjobs beim *Discounter* an der Kasse und auch Putzstellen."

Als Altenpflegerin angekommen

„Nach einem Jahr kam ich in einem Seniorenheim an, zuerst in Teilzeit. Auch jetzt bildete ich mich weiter. Später schloss ich noch den Beruf Altenpflegerin ab. Dafür musste ich viele Abende und Wochenenden einsetzen.
Nach Einführung der gesetzlichen → Pflegeversicherung sind Dienstleistungen im Bereich der häuslichen Pflege stärker nachgefragt. Ich entschloss mich zur Selbstständigkeit. Ich führe in meinem Betrieb fünf Mitarbeiterinnen, kontrolliere ihre Arbeit, mache Termine und erledige Abrechnungen. Auch vermittle ich bei Konflikten und werbe neue Kunden. Wir wenden neueste Erkenntnisse zur Pflege an."

A

Aufgaben

1 Nennt den Grund für die erste Berufswahl und den Berufswechsel von Maren H.

2 Begründet bei Maren H. Zusammenhänge zwischen Familienarbeit, Erwerbsarbeit und beruflichen Entscheidungen.

3 Welche Bedeutung hat Weiterbildung für gute Berufsarbeit?

4 Sprecht mit euren Eltern über deren Berufsarbeit. Berücksichtigt die Inhalte dieser Aufgaben.

3 Spannungsfeld Strukturwandel – Arbeitslosigkeit, Weiterbildung, Mobilität und Familie

Frank Meine berichtet

„Ich habe nach der Schule Schlosser im Braunkohleabbau gelernt und dort bis zur Wende 1991 gearbeitet. Ich reparierte große technische Geräte. Die Technik veränderte sich, da war Weiterbildung angesagt.

Mit meiner Frau und später zwei Kindern habe ich in Spremberg gewohnt. Meine Frau arbeitete als Erzieherin. 1993 wurde der Tagebau hier in der Region teilweise geschlossen, weil die Lagerstätten erschöpft waren. Das alte Kraftwerk wurde abgeschaltet, auch weil man für Filter und andere Umwelttechnik Millionen hätte investieren müssen.

Viele meiner Kollegen wurden sofort arbeitslos, die älteren gingen vorzeitig in Rente.

Ich war dann noch mit dem Abbau der alten Anlagen beschäftigt. In den ausgebeuteten Gruben wurden Seen und Freizeiteinrichtungen angelegt. Dann war 1994 auch für mich Schluss."

Arbeitslosigkeit erfordert Mobilität

„Ich bewarb mich durch Vermittlung des Arbeitsamtes (heute Arbeitsagentur) in Baden-Württemberg. Zuerst ergebnislos, weil ich im IT-Bereich nicht gut genug war. Ich habe dann noch viel Weiterbildung gemacht, u.a. in der CNC-Technik.
In Stuttgart in einem Unternehmen des Anlagenbaus hat es dann geklappt. Dort werden komplette Fabriken geplant und exportiert (ausgeführt). Auch da musste ich noch viel lernen. Mit meinem ursprünglichen Beruf hatte das wenig zu tun. Später fuhr ich auch ins Ausland auf Montage."

Leben getrennt von der Familie

„Privat lief es weniger gut. Meine Kinder und meine Frau wollten nicht von hier weg. Ich war dann Wochenendpendler. Aus Kostengründen kam ich meist nur alle drei Wochen nach Hause. Fast wäre unsere Ehe gescheitert.
Ich habe mich dann bemüht, hier wieder was zu finden. Mit 45 Jahren nicht ganz einfach. Vor 5 Jahren hat das im neuen Kraftwerk endlich geklappt. Eine freie Stelle passte genau zu meinen Fähigkeiten. Ich denke, auch die Auslandserfahrung hat mir geholfen.

War eine ziemliche Umstellung, nicht nur wegen der Einarbeitung. Leider verdiene ich weniger als vorher, aber ich bin zu Hause, spare die Fahrtkosten und die zweite Wohnung."

A **Aufgaben**

1 Bereitet selbst Interviews Berufstätiger vor, führt diese durch und trefft Überlegungen zur Auswertung. Berücksichtigt die Methode *Befragung* (s.S.109).

2 Untersucht durchgeführte und/oder hier abgedruckte Interviews nach folgenden Gesichtspunkten:
- Zusammenhänge zwischen Schulbildung und Erwerbsarbeit
- Gründe für die Berufswahl
- Zusammenhänge zwischen der Familienarbeit und beruflichen Entscheidungen
- Gründe für Veränderungen
  - im Betrieb
  - der Berufsarbeit
- Bedeutung der Weiterbildung und des Berufswechsels
- Gründe für Arbeitslosigkeit

4 Anforderungen an die Erwerbsarbeit der Zukunft

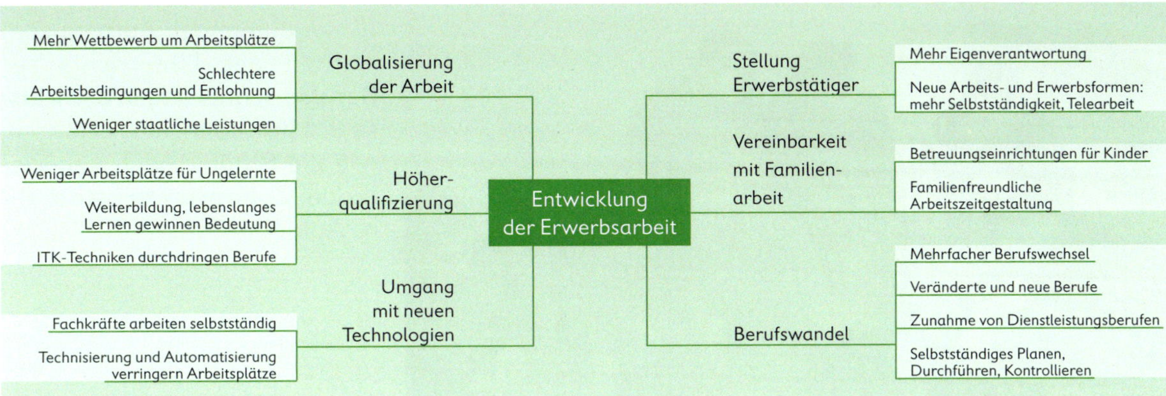

Berufswandel

Den → Beruf fürs Leben wird es kaum noch geben. Immer schon haben *technische Neuerungen und die Entwicklung* der Arbeitsorganisation Berufe verändert. 1960 enthielten Berufsbeschreibungen, z.B. für den Tischler, keine Bearbeitung von Kunststoffen und die Bedienung computergesteuerter Maschinen. Im Beruf wird oft selbstständiger gearbeitet. Neue Berufe entstehen, z.B. entstand 2011 der neue Beruf „Printmedienverarbeiter/-in".

Umgang mit neuen Technologien

Bei fast allen Tätigkeiten werden Computer genutzt. Manche Routinearbeit entfällt dadurch für die Menschen. Die *Arbeitsproduktivität* steigt. Das verringert teilweise Arbeitsplätze.

Höherqualifizierung

Fachkräfte planen (im Team) ihre Arbeit, führen diese durch und werten sie aus.
Maschinen ersetzen die Arbeit Un- und Angelernter. Wer gut ausgebildet ist, findet eher Arbeit. Er kann sich auch besser weiterbilden.

Globalisierung der Arbeit

Fast überall können heute Güter hergestellt werden. Weltumspannende Kommunikationsmittel fördern dies. Einfache Produkte lassen Unternehmen bei geringeren *Arbeitskosten* im Ausland herstellen. Arbeitnehmer in Deutschland müssen zum Erhalt ihrer Arbeitsplätze teilweise geringere Verdienste und/oder längere Arbeitszeiten hinnehmen. Der Wohlstand lässt sich sichern, wenn auch zukünftig hochwertige Güter hergestellt werden können.

Stellung Erwerbstätiger

Sie müssen stärker selbst für Krankheitskosten und Alter vorsorgen. So sinken die Arbeitskosten. Viele haben nur noch Teilzeittätigkeiten. Bestimmte Aufgaben lagern Betriebe an → Selbstständige aus.

Vereinbarkeit mit Familienarbeit

Eltern benötigen Betreuungseinrichtungen für Kinder, z.B. Ganztagsschulen und Kitas. Betriebe müssen eine familienfreundliche Arbeitszeitgestaltung fördern.

A

Aufgaben

1 Sprecht mit euren Eltern über den Wandel ihrer Berufe und ihre Weiterbildung.

2 Informiert euch über neue Berufe im Internet unter www.bibb.de.

3 Wie kann Deutschland seinen Wohlstand sichern? Welche Anforderungen müssen dazu an Erwerbstätige gestellt werden?

4 Formuliert Ratschläge: Wie können Erwerbstätige klarkommen, wenn zu wenig Vollzeitarbeitsplätze angeboten werden?

5 Wie will ich in 20 Jahren leben?

... so lautete der Auftrag zum Auftakt des Unterrichts zur Berufsorientierung in der Klasse 8. Hier könnt ihr erfahren, wie die Schüler nach der Methode **Zukunftswerkstatt** ihre Aufgabe lösten.

Kritikphase

Die Schüler beschäftigen sich in frei gewählten Kleingruppen mit Erfahrungen zu Familie und Erwerbsarbeit. Sie schreiben auf, was sie am Familienleben ärgert, was ihnen Freude macht und was sie ändern möchten. Sie formulieren Sorgen, die sich auf zukünftige Erwerbsarbeit und auf das Einkommen beziehen. Ihre Antworten halten sie auf Karten fest (je eine Antwort).

Fantasiephase

Sie entwickeln ihre Utopie (Wunschvorstellung) vom guten Leben in einem Traumberuf mit hohem Einkommen, einer schönen Wohnung, Familie, einem Partner, der sie glücklich macht und der sich in die Familienarbeit einbringt.
Diese „positiven“ Gegenkarten werden auf einen großen Papierbogen geklebt. Jede Kleingruppe hängt ihren Bogen für alle sichtbar auf. Das ermöglicht Ideen für die anschließende Umsetzung der Utopien in Texte, Collagen, Bilder, Gedichte ...
Die Gruppen stellen ihre Ergebnisse gegenseitig vor – eine Bewertung findet nicht statt.

Verwirklichungsphase/Auswertung

Die Ergebnisse der Fantasiephase werden mit der Wirklichkeit durch eine Leitfrage verbunden:
„Was kann ich tun, um meine Wunschvorstellungen zu verwirklichen?“
Es entstehen Einzelfragen, die sich meist um die richtige Berufswahl drehen.

Was kann ich dafür tun, einen Beruf zu ergreifen,
- der mir Freude macht, bei dem ich mit Menschen, mit Technik, mit ... zu tun habe?
- der eine anspruchsvolle Ausbildung (und ein hohes Einkommen) ermöglicht?
- in dem ich mich selbstständig machen kann?
- bei dem Berufsarbeit und Familienleben befriedigend zu verbinden sind?

Die Ergebnisse werden präsentiert und unter folgenden Gesichtspunkten reflektiert:
- Traue ich mir meinen Traumberuf zu, trauen andere ihn mir zu? Ist er in meinem Interesse? Wie sehen andere das?
- Wie sollte ich den Berufswunsch verändern?
- Welche Fähigkeiten müsste ich ausbauen?
- Wie haben die Schüler meiner Gruppe miteinander gearbeitet?

Methode Zukunftswerkstatt

1 Darum geht es

Eine Zukunftswerkstatt will Menschen anregen, ihr zukünftiges Leben mitzugestalten. Sie sollen sich ihrer Sorgen bewusst werden, jedoch nicht nur abwarten, was kommt. Sie lernen, ihr Leben in die Hand zu nehmen.
Sie will auch Fantasie und Kreativität fördern. Es können Wege gefunden werden, Wünsche, z.B. nach einem besseren Leben, zu benennen und umzusetzen.
Diese Methode wird auch von Gruppen, z.B. Bürgerinitiativen, zur Bewältigung von gemeinsamen Problemen genutzt. Dabei geht es um die Verbesserung von Lebensmöglichkeiten für bestimmte Gruppen in der Gesellschaft.

2 So läuft es ab

Vorbereitung
Zu Beginn ist eine Problemstellung wichtig. So ließe sich z.B. der Einstieg in die Berufsorientierung mit einer Zukunftswerkstatt verbinden. Der Auftrag könnte lauten:

„Wie kann ich mein zukünftiges Leben gestalten, um glücklich zu sein?“

Als Rahmenbedingungen gelten:
- vier bis fünf Stunden Zeit
- ein großer Raum und Kleingruppenräume
- zur Dokumentation und Präsentation: DIN-A4-Papier, in Streifen zu 10 × 20 cm geschnitten; große Bögen/Rollen aus Packpapier, Scheren, Bunt- und Filzstifte, Klebstoff, Zeitschriften und Kataloge (Material für Collagen)

3 Durchführung

Die Arbeit in der Zukunftswerkstatt läuft in drei Phasen ab. Während der Kritik- und Fantasiephase kann in Kleingruppen gearbeitet werden. Die Verwirklichungs-/Auswertungsphase erfolgt im Plenum. Für das Verhalten gelten die Regeln der Methode *Gruppenarbeit*.

In der **Kritikphase** werden Missfallen am derzeitigen Zustand, Ängste, Sorgen und Ärger bewusst gemacht und festgehalten.

In der **Fantasiephase** wird die Kritik nun ins Positive gewendet. Die Lernenden äußern ein Zukunftsbild nach ihren Bedürfnissen.
Zu Beginn könnte eine Entspannungsübung stehen. Der Lehrer unterstützt mit einem gesprochenen Text und Musik die Fantasien der Schüler. Alle machen sich frei von Zweifeln, Denkblockaden und Einschränkungen. Sie fantasieren sich in eine schöne heile Welt (Utopie), in der alles möglich ist. Die geäußerten Ideen werden nicht kritisiert, auch unrealistische nicht.

In der **Verwirklichungsphase** werden für Fantasien und Utopien Wege gefunden, wird ein Zukunftsentwurf verwirklicht.

4 Auswertung

Erkenntnisse aus der Verwirklichungsphase können Auftrag für ein weiteres Projekt sein. Die Reflexion der Zusammenarbeit in der Gruppe wird eventuell verbunden mit Vereinbarungen zu angestrebten Verhaltensänderungen.

Alles klar?

Globalisierung und Nachhaltigkeit

1 Anfang 2008 beschloss Nokia, sein Handy-Werk in Bochum nach Rumänien zu verlagern. Dort kann kostengünstiger produziert werden. Mehr als 4000 Arbeitsplätze in Deutschland waren betroffen. Die Gewerkschaft protestierte, auch weil das Werk in Bochum guten Gewinn machte.
Nimm Stellung zu folgenden Meinungen:
A: Unternehmen dürfen nicht das Recht haben, so mit Menschen, die gute Arbeit leisten, umzugehen.
B: Unternehmen müssen frei entscheiden dürfen, wo sie produzieren.
C: Arbeitnehmer in Rumänien sind an den neuen Arbeitsplätzen sehr interessiert.

2 Ist Internetkauf ökologisch nachhaltiger als ein Kauf im Geschäft?
Beziehe Stellung zu folgenden Meinungen:
A: Die Zahl der Internetverkäufe steigt. Das führt zu mehr Güterverkehr und ist umweltschädlich.
B: Wenn ich z.B. einen PC im Geschäft kaufe und Angebote vergleichen will, nutze ich mein Auto und fahre allerhand Kilometer. Dadurch fällt auch CO_2 an.
C: Bei den meisten Dienstleistungen ist der Internetkauf ökologisch günstig.

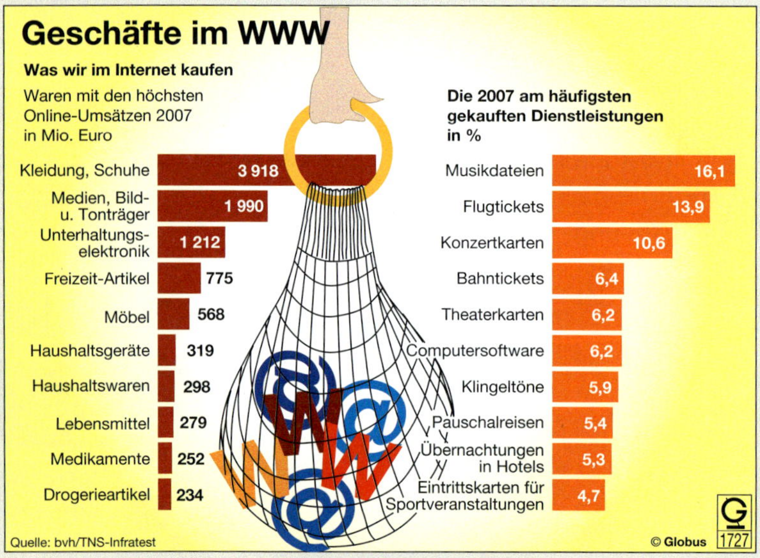

3 Beurteile aus ökologischer Sicht:
A: Ich kaufe nur Bio-Produkte. Das gilt auch im Frühjahr, wenn ich die ersten Erdbeeren aus Israel kaufe.
B: Ich kaufe nur Gemüse und Obst, das aus der Region kommt.

Erwerbsarbeit im Wandel

4 Erkläre Gründe für den Berufswechsel während des Erwerbslebens.

5 Nenne technische und wirtschaftliche Veränderungen, die Auswirkungen auf die Erwerbsarbeit haben.

6 Begründe, warum Arbeitsplätze in Berufen der Warenproduktion abnehmen und bei manchen Dienstleistungsberufen zunehmen.

7 Nenne zwei wichtige Anforderungen der Erwerbsarbeit und begründe diese.

8 Was könnt ihr als Schüler tun, um euch auf die zukünftige Berufsarbeit gut vorzubereiten?

Bedürfnisse und Konsum

1 Was erzählen Einkaufstüten?

Wir kaufen oft täglich ein, z.B. Nahrungsmittel, Kleidung, Sportsachen, Bücher oder Reinigungsmittel. Man nennt diese → Waren auch Konsumgüter.

Es gibt eine große Vielfalt von Waren, die wir kaufen können. Wir müssen auswählen. Der Kauf der Konsumgüter hängt z.B. davon ab, wie hoch das Einkommen eines Menschen ist, ob er allein oder mit anderen zusammenlebt. Wichtig sind außerdem das Alter, das Verhalten in der Freizeit und Vorstellungen von einem guten Leben.

▸ **Leitauftrag** Familie Wenck hat eingekauft. Was fällt euch auf? Vergleicht mit dem Einkaufsverhalten eurer Familie.

B Auf einen Blick

Ihr erklärt, warum Bedürfnisse von Kindern in Familien unterschiedlich sind.

Ihr begründet verschiedenartige Bedürfnisse.

2 Anna und Tarik: gemeinsame und unterschiedliche Bedürfnisse

Wir haben Bedürfnisse nach Gütern. Besonders wichtig sind Wohnen, Essen, Kleiden, Lernen und danach, mit Freunden zusammen zu sein. Andere Bedürfnisse sind auf ein gutes Leben oder ein Luxusleben gerichtet.

Die Erfüllung mancher Wünsche ist nicht mit Geld zu bezahlen. Für andere ist Geld nötig.

Was Menschen für Geld kaufen, ist sehr unterschiedlich. Es hängt z.B. von der Höhe des Einkommens ab, vom Beruf oder von Hobbys.

Hier lebt Anna mit ihren Eltern

Haushaltseinkommen: 4200 Euro
Vater: Bankkaufmann
Mutter: Erzieherin

Anna erzählt

Ich gehe in eine Gesamtschule. Mir gefällt es, neben Tarik zu sitzen. Er ist lustig und sportlich. Ich bin eher musikalisch. Klavier spielen macht mir Spaß. Ich will später einmal eine berühmte Klavierspielerin werden. Meine Eltern sagen, dafür muss ich viel üben, das Abitur machen und zur Musikhochschule gehen.

Meine Eltern werden schon dafür sorgen, dass alles klappt.

Ich bin gern bei meinem Pony auf dem Pferdehof in unserer Nähe. Da habe ich viele Freundinnen. Das ist mir wichtig. Abends lese ich gern.
Mit meinen Eltern reise ich manchmal in andere Länder. Ich war schon in Paris, Rom und Spanien. Da gibt es viel Neues zu sehen.
Zum Geburtstag wünsche ich mir einen Sattel und schönes Zaumzeug.

Später will ich in einem schönen Haus leben.

Hier lebt Tarik mit zwei Geschwistern

Haushaltseinkommen: 2800 Euro
Vater: Angestellter bei einem türkischen Reisebüro
Mutter: Verkäuferin, zurzeit arbeitslos

Tarik erzählt

Prima, dass Anna neben mir sitzt. Sie ist lustig und sehr musikalisch. Ich bin sportlich und spiele Fußball. Ich will Profifußballspieler werden. Meine Eltern sagen, dass ich einen ordentlichen Schulabschluss machen soll. Dann bekomme ich einen guten Ausbildungsplatz.

Bücher lese ich nicht gern. Zu langweilig. Oft mache ich mit Freunden Computerspiele. Das ist mir wichtig.

Ich hoffe, wir fahren in diesem Jahr wieder in Urlaub.

Zum Geburtstag wünsche ich mir gute Fußballschuhe. Ich hätte gern ein eigenes Kinderzimmer. Eine größere Wohnung ist aber zu teuer.

Später möchte ich mir einen schnellen Geländewagen kaufen.

A

Aufgaben

1 Vergleicht Wohnzimmer und Kinderzimmer der Familien.
Nennt Gründe für Unterschiede.

2 Welche Wünsche von Anna und Tarik sind ähnlich, welche unterschiedlich? Begründet.

3 Hast du ähnliche Wünsche wie Anna und Tarik?

4 Fertigt folgende Tabelle an und füllt sie aus:

Zur Erfüllung dieser Wünsche brauche ich **kein** Geld	Zur Erfüllung dieser Wünsche brauche ich Geld

5 Frage deine Eltern, Großeltern oder Nachbarn, ob sie sich daran erinnern, welche Wünsche sie als Kinder hatten.

3 Unerfüllbare Bedürfnisse?

▲ Ich würde so gern mal in Urlaub fahren und …

▲ Papa hat am Wochenende nie Zeit für mich. Ich würde so gern mit ihm spielen und …

▲ In Mathe und Deutsch bin ich prima und ich kann gut Klarinette spielen. Ich würde so gern Fußball spielen und …

▲ Die sind 'ne coole Clique. Ich würde gern dazugehören und …

A

Aufgaben

1. Beschreibt die Situation auf den Fotos.
2. Versetzt euch in die Gefühle und Gedanken der Kinder. Ergänzt die unvollständigen Sätze.
3. Schreibt auf, ob und wie die Personen die Situation verändern könnten.
4. Überlegt euch weitere Situationen mit unerfüllten Bedürfnissen. Notiert Stichworte.

4 Weiterführendes Material

Wünsche von Kindern in besonderen Lebenslagen

M1 Kinderarbeit

▲ Ich würde so gern in die Schule gehen und …

M2 Vater im Krieg

▲ Ich habe dich so vermisst, Papa, und …

M3 Im Krieg auf der Flucht

▲ Ich habe Hunger und …

M4 Unser Haus ist zerstört

▲ Ich möchte wieder zurück in unser Dorf, mit meinen Freunden spielen und …

Arbeiten mit den Materialien

Zu **M1–M4**

1 Fühlt euch in die Lage der Kinder und ihrer Familien ein. Beschreibt sie und notiert Stichworte.

2 Ergänzt die Worte der Kinder.

3 Sucht weitere Fotos mit Kindern in besonderen Lebenslagen, z.B. in Geschichtsbüchern oder Erdkundebüchern.
Schreibt dazu einen Satz wie bei **M1–M4**. Bittet einen Mitschüler, den Satz zu ergänzen.

Wirtschaftlich und nachhaltig handeln

1 Wirtschaftlich handeln ist mir wichtig

Das Angebot an Gütern (Waren und → Dienstleistungen) ist sehr groß. Das gilt aber auch für die Wünsche. Die meisten Menschen können nur einen sehr kleinen Teil der angebotenen Güter kaufen. Für mehr reicht das Geld nicht. Sie müssen auswählen.

▲ Lukas, frierst du bitte die Reste ein?

▲ Ich lege Wert darauf, dass du den sparsamsten Materialzuschnitt berechnest.

Wer wirtschaftlich handelt, ist bestrebt, dass möglichst geringe Kosten beim Kauf einer Ware oder Dienstleistung entstehen.

▲ Wenn wir unsere jeweils vier Euro zusammenlegen, haben wir mehr davon.

▲ Die Bio-Tomaten kaufe ich diesmal nicht. Im Bio-Laden kostet 1 kg 2,28 Euro.

▸ **Leitauftrag** Notiert, ob und warum die abgebildeten Menschen wirtschaftlich handeln.

B Auf einen Blick

Ihr arbeitet an Beispielen heraus, was unter wirtschaftlichem Handeln zu verstehen ist.

Ihr erklärt an Beispielen, was unter nachhaltigem Handeln zu verstehen ist.

Ihr benennt Konflikte zwischen wirtschaftlichem, ökologischem und sozialem Handeln.

Ihr überprüft, inwieweit euer Verhalten beim Kauf von Gütern nachhaltig ist.

Ihr bearbeitet Konflikte in Rollenspielen und wertet diese aus.

Ihr führt eine Befragung zum Wissen über Nachhaltigkeitskennzeichen durch.

2 Kluge Menschen handeln nachhaltig

▲ Julian: „Das Shirt kostet bei ‚Sportlife' in der City 14 Euro. Mit dem Rad bin ich schnell da."

▲ Anna: „Ich brauche Hefte und einen Block. Ich will auf jeden Fall nachhaltig handeln."

▲ Jonas: „Was bedeutet nur das Sechseck auf der Milch? Und warum steht dort ein Datum?"

Wirtschaftliches Handeln

Wer wirtschaftlich handeln will, muss Kosten und Nutzen abwägen (wirtschaftliches Prinzip).

Das kann bedeuten:
(1) mit vorhandenem Geld einen möglichst hohen Nutzen erzielen
oder
(2) einen bestimmten Nutzen mit möglichst wenig Geld erreichen.

Ökologisches Handeln

Wer ökologisch handeln will, muss beim Kauf von Gütern auf den Schutz der natürlichen Umwelt achten.

Er berücksichtigt z.B., ob bei Milchprodukten die Tierhaltung artgerecht ist, ob keine Schadstoffe enthalten sind oder ob bei der Herstellung ein möglichst geringer Energieverbrauch erfolgte.

Das Bio-Siegel

Das Bio-Siegel garantiert
- eine artgerechte Tierhaltung,
- den Verzicht auf chemische Pflanzenschutzmittel,
- den Schutz von Wasser, Luft und Boden bei der Güterherstellung.

BiO
nach
EG-Öko-Verordnung

Mindesthaltbarkeitsdatum (MHD)

Es gibt an, bis zu welchem Zeitpunkt ein Lebensmittel bei richtiger Lagerung den vollen Nährwert mindestens behält. Geschmack und Geruch sind ebenfalls wichtig.

A

Aufgaben

1 Julian will mit dem Rad in die City fahren. Begründet.

2 Anna will ökologisch handeln. Welche Hefte und Blocks wird sie kaufen?

3 Beantwortet die Fragen von Jonas.

4 Ordnet den Abbildungen auf S.104 in der rechten Spalte die beiden Möglichkeiten des wirtschaftlichen Prinzips (s. Kasten) zu.

▲ Janna: „Ich kaufe kein Holz aus Ländern, in denen Urwälder zerstört werden.
Wenn immer mehr Wälder abgeholzt werden, besteht die Gefahr, dass mehr Erdrutsche die Menschen heute und in Zukunft gefährden."

▲ Joel: „Wenn große Fischfangflotten auch die noch nicht geschlechtsreifen Fische fangen, werden wir bald nicht mehr genug Fische zum Leben fangen können. Die wollen nur in möglichst kurzer Zeit viele Fische verkaufen. Wir sind seit Generationen Fischer. Das geht nur, wenn wir nachhaltig fischen."

▲ Lena: „Ich soll die Schokolade mit dem Transfair-Siegel kaufen. Warum nur? Die ist doch teurer."

Soziales Handeln

Wer sozial handeln will, muss beim Kauf von Gütern die eigenen Bedürfnisse und die anderer Menschen auf der Welt beachten. Er berücksichtigt z.B., ob die Arbeiter bei der Herstellung von Gütern einen ausreichenden Lohn erhalten und keine Kinder arbeiten mussten.

Das Transfair-Siegel

Das Siegel garantiert einen fairen Handel mit den Entwicklungsländern. Oftmals erfolgt eine ökologische Herstellung der Güter.
Das Transfair-Siegel berücksichtigt u.a. Folgendes:
- keine Kinderarbeit,
- höhere Löhne als üblich,
- Bildungsprojekte für die arbeitenden Menschen und ihre Familien.

Nachhaltiges Handeln

Wer wirtschaftliche, ökologische und soziale Gesichtspunkte beim Kauf und bei der Herstellung von Gütern berücksichtigt, handelt nachhaltig. Wer nachhaltig handelt, achtet auf die Bedürfnisse der Menschen weltweit. Er berücksichtigt ebenfalls die Bedürfnisse der nachfolgenden → Generationen.

A Aufgaben

1 Beantwortet Lenas Frage.

2 Begründet, warum Janna kein Holz aus Ländern, die Urwälder zerstören, kauft.

3 Was versteht Joel unter nachhaltigem Fischen?

4 Befragt Eltern, Nachbarn, Mitschüler und Lehrer, ob sie das Bio-Siegel und das Transfair-Siegel kennen und was es bedeutet.

3 Nachhaltig handeln heißt Konflikte aushalten

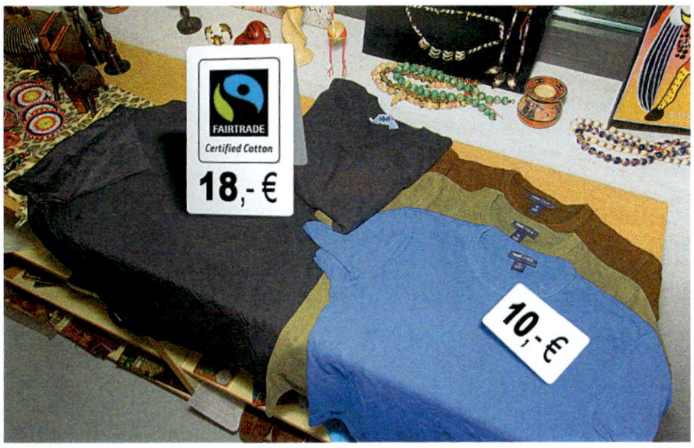

Welches T-Shirt kaufe ich?

Lara und Adrian können sich T-Shirts kaufen. Sie haben jeweils 20 Euro zur Verfügung.

ADRIAN: „ Ich nehme die zwei Shirts für je 10 €. Der Preis ist für mich am wichtigsten. Trendy muss das Shirt sein. Das brauche ich. Zwei Shirts sind immer besser als eins. Da kann ich immer mal was Neues vorführen. Ayse findet das bestimmt cool.
Ob fair gehandelt oder nicht, ist nicht mein Ding. Dafür sind die Hersteller verantwortlich und nicht die Käufer."

LARA: Ich nehme das Shirt zu 18 €. Da weiß ich, dass es fair gehandelt ist und keine Kinder arbeiten mussten. Außerdem finde ich das Transfair-Siegel gut. Mir ist der Preis wichtig, aber auch anderes. Auch ich hab gerne viele T-Shirts.
Es macht mir Spaß, jeden Tag neu auszuwählen. Aber es geht nicht alles gleichzeitig. Felix wird das sicher nicht verstehen und leicht grinsen. Das halte ich schon aus."

▲ Lea: „Ich bin es satt zu frieren. Im Auto wäre es schön warm. Mutter würde uns an sehr kalten Tagen zur Schule fahren."
Anke: „Bist du unsportlich! Ich fahre weiterhin Rad. Nachhaltiges Handeln ist mir wichtig."

▲ Rini: „Mein Lohn für 48 Stunden Arbeit pro Woche reicht nicht zum Leben mit meinen Kindern. Die Luft schadet meiner Gesundheit, mein Rücken schmerzt nach der Arbeit."

A

Aufgaben

1 Angenommen, ihr könntet ebenfalls für 20 € Shirts kaufen. Was würdet ihr tun? Notiert Gründe.
Führt dazu ein Rollenspiel durch.

2 Kennzeichnet den Konflikt von Lea und Anke. Was würdet ihr tun?
Führt dazu ein Rollenspiel durch.

3 Findet weitere Beispiele für Konflikte zwischen wirtschaftlichem, ökologischem und sozialem Handeln.

4 Weiterführendes Material

M1 Ich will Milch kaufen und nachhaltig handeln.

Auf der Milchpackung müssen stehen:

- die Verkehrsbezeichnung (Milch)
- die Milchsorte, z.B. Vollmilch
- der Fettgehalt, z.B. 3,5 % Fett
- das Mindesthaltbarkeitsdatum
- die Art der Wärmebehandlung, z.B. pasteurisiert*
- Name und Anschrift des Herstellers, Einfüllers oder Verkäufers
- Angaben, wo die Milch herkommt, z.B. D – NW XYZ bedeutet: DE: EU-Land Deutschland, NW: Bundesland Nordrhein-Westfalen, XYZ: Molkerei
- die Füllmenge, z.B. 1 Liter

Vollmilch im Test

Die Stiftung Warentest hat Bio-Vollmilch getestet. Sie veröffentlicht die Ergebnisse in der Zeitschrift „test“. Als unabhängige Einrichtung finanziert sie sich aus Einnahmen ihrer Zeitschriften und öffentlichen Mitteln.

Test der Stiftung Warentest 2007: Frische Vollmilch, 1 Liter*

	Fettgehalt in %	Mittlerer Preis in €	Qualitätsurteil
Frische Alpenmilch, Berchtesgadener Land (Demeter)	3,8	1,15	gut (1,7)
Bio-Vollmilch Heirler (Neuform)	3,8	1,35	gut (1,7)
Bio-Vollmilch Füllhorn (Rewe)	3,8	1,15	gut (1,8)
Frische Vollmilch Dennree (Bioland)	3,8	0,95	gut (1,9)
Vollmilch Alnatura (Bioland)	3,7	0,99	gut (2,0)
Bioness Lidl	3,5	0,89	gut (2,1)

* Getestet wurden frische und haltbare Vollmilch, 36 Bio- als auch Nicht-Bio-Produkte. Die mit „gut“ getesteten Bio-Produkte siehe oben.

Stiftung Warentest (Hrsg.) test, Heft 11, 2007, S.18–21

Arbeiten mit den Materialien

Zu **M1**

1 Ayse und Nico wollen Bio-Milch kaufen. Nachhaltiges Handeln ist ihnen wichtig. Worauf müssen sie achten?

2 Vergleicht den Preis in Verbindung mit dem Qualitätsurteil.

Methode Befragung

Darum geht es

Durch eine Befragung könnt ihr die Meinungen, Wünsche und Kenntnisse von Menschen besser einschätzen lernen. Ihr könnt die Vielfalt von Beurteilungen eines Sachverhalts feststellen und ordnen. Eine Befragung eröffnet oft neue Sichtweisen, mit denen ihr euch auseinandersetzen könnt.

So läuft es ab

Vorbereitung

Klärt folgende Fragen:

- Was fragen wir?
- Wen und wie viele fragen wir?
- Wo führen wir die Befragung durch?
- Wie führen wir die Befragung durch, z.B. als Einzel- oder Partnerarbeit?
- Welche technischen Hilfen benötigen wir, z.B. Camcorder?
- Wie werten wir die Befragung aus?
- Wie und wo dokumentieren wir die Ergebnisse?

Durchführung

Begrüßt eure Gesprächspartner.
Erklärt, wer ihr seid und warum ihr die Befragung (das Interview) durchführt.
Teilt mit, wie lange das Gespräch dauern wird.
Überlegt evtl. vorab die ersten Sätze.
Ermutigt eure Gesprächspartner durch Freundlichkeit und Interesse.
Haltet euch mit einer eigenen Meinung zurück.
Vermeidet Bewertungen wie „finde ich gut“, „schlecht“ oder „langweilig“.
Bedankt euch am Ende des Gesprächs für die Mitarbeit.

Auswertung

Beantwortet folgende Fragen:

- Wie viele Personen haben eine Befragung abgelehnt?
- Was ist mir schwergefallen?
- Was war unerwartet?
- Was war besonders überraschend?
- Welche Gegensätze bzw. ähnlichen Meinungen gab es bei den Interviewpartnern?
- Gab es unterschiedliche Sichtweisen bei Männern und Frauen?
- Welche neuen Erkenntnisse habt ihr gewonnen?

Methode Rollenspiel

Darum geht es

Im Rollenspiel könnt ihr den Umgang mit Konflikten trainieren und Lösungen suchen.

Das Rollenspiel ist eine Methode,

- eigene Bedürfnisse, Vorstellungen und Meinungen wahrzunehmen und angemessen zu äußern,
- Bedürfnisse und Vorstellungen anderer anzuerkennen,
- Lösungen für einen Ausgleich verschiedener Bedürfnisse und Meinungen zu finden,
- Vorstellungen und das eigene Verhalten zu überprüfen und eventuell zu ändern.

So läuft es ab

Vorbereitung

- den Konflikt benennen und ggf. Rollenkarten erstellen
- Rollenspieler auswählen
- den Rollenspielern 5–10 Minuten Zeit zum Lesen der Rollenkarten und Einfühlen in die Rolle geben
- den Beobachtern (restliche Schüler) die Informationskarte geben, zum Lesen der Karte 5–10 Minuten Zeit einplanen

Informationskarte für die Beobachter

- Sind die einzelnen Aussagen sachgerecht?
- Kommen die Spieler gleichermaßen zu Wort?
- Welche Gefühle äußern die Spieler?
- Welche Gefühle lösen die Spieler bei den Beobachtern aus?
- Wie sprechen die Rollenspieler miteinander?
- Gibt es persönliche Abwertungen?
- Welche Konfliktlösungen finden die Spieler?

Durchführung

Die Rollenspieler suchen sich die notwendigen Kulissen zum Spiel. Sie spielen an einem Ort, an dem alle sie gut beobachten können.
Die Beobachter machen sich Notizen.

Auswertung

Die Beobachter teilen die Notizen auf ihrer Informationskarte mit. Sie sprechen in der Ich-Form und vermeiden Bewertungen wie z.B. gut, schlecht, unmöglich, wunderbar.
Die Spieler hören zunächst den Beobachtern zu und nehmen dann Stellung.
Spieler und Beobachter tauschen sich über das Spielergebnis aus.
Sie überlegen, ob ein anderes Verhalten und möglicherweise eine andere Konfliktlösung denkbar und wünschenswert sind.

Alles klar?

Bedürfnisse und Konsum

1 Notiere mindestens drei Bedürfnisse, zu deren Erfüllung man kein Geld braucht.

2 Notiere mindestens drei Bedürfnisse, zu deren Erfüllung man Geld braucht.

3 Notiere Beispiele für Bedürfnisse von Kindern, deren Eltern sehr wenig Geld haben.

4 Das Mädchen geht werktags hier zum Essen. Notiere, was es denkt und fühlt.

5 Notiere, was die beiden Kinder denken und fühlen.
Wie kann ihre Lage verbessert werden?

Wirtschaftlich und nachhaltig handeln

6 Schreibe auf, was man unter wirtschaftlichem Handeln versteht.
Beschreibe wenigstens zwei Beispiele.

7 Schreibe auf, was man unter ökologischem Handeln versteht.
Beschreibe wenigstens zwei Beispiele.

8 Schreibe auf, was man unter sozialem Handeln versteht.
Beschreibe wenigstens zwei Beispiele.

9 Schreibe auf, was man unter nachhaltigem Handeln versteht.
Beschreibe wenigstens zwei Beispiele.

10 Überprüfe, ob die Warenkennzeichnung der Milch in Ordnung ist. Begründe.

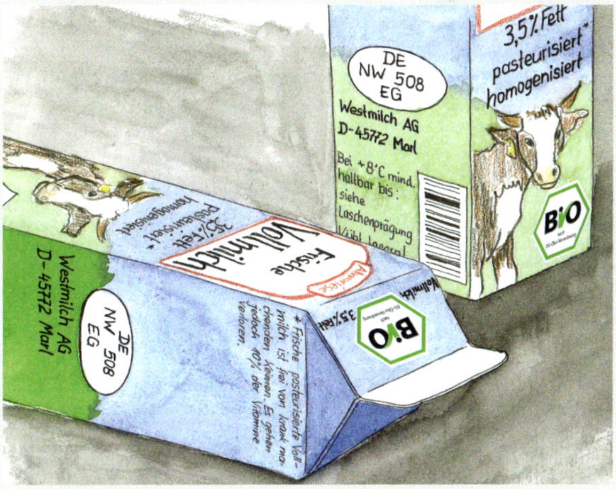

11 Überprüfe, ob der Käufer des Regals nachhaltig gehandelt hat. Begründe.

Damit das Taschengeld reicht

1 Lukas in der Klemme

Da hast du dich wohl verplant!

Auf dem Schulhof geht es hoch her. Lukas wird bedrängt von Schulfreunden.

SIMONE: „Ich lieh dir vor drei Wochen zehn Euro. Du wolltest die in zwei Wochen zurückgeben."

MUSTAFA: „Und mir schuldest du fünf Euro. Ich brauche jetzt das Geld."

ELKE: „Ich habe dir 15 Euro geliehen und will die sofort zurück."

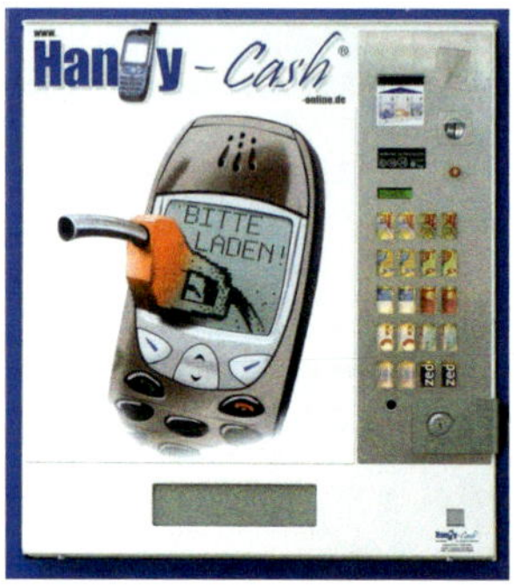

▲ Automat für Prepaidkarten

Lukas ist verzweifelt

„Ich wollte unbedingt ein Handy haben. Ihr habt doch auch eins. Zum Geburtstag haben mir die Eltern ein Handy geschenkt. Das war super. Ich weiß, ich habe viel zu viel telefoniert und SMS verschickt. Im letzten Monat musste ich 40 Euro bezahlen. Ich wusste nicht, wie teuer das alles ist. Ich kann die Schulden nicht sofort zurückzahlen, aber ihr bekommt alles zurück, großes Ehrenwort."

▸ **Leitauftrag** Wir müssen mit unserem Einkommen auskommen. Wie kann Lukas seine Finanzprobleme lösen und trotzdem ein Handy haben?

Schuldenfalle Handy
Die Verschuldung wegen eines Handys nimmt bei Kindern zu.

Man kann das Risiko einer Verschuldung vermeiden, wenn man über ein **aufladbares Gesprächsguthaben** telefoniert, das im Voraus bezahlt wird (prepaid). Ist das Guthaben verbraucht, können nur noch Gespräche empfangen werden. Der Kontostand lässt sich jederzeit abrufen. Handys mit dieser Bezahlart heißen **Prepaidhandys**.

Ein **Mobilfunkvertrag** bindet bis zu 24 Monate und kostet einen festen monatlichen Mindestbetrag. Die Gesprächsgebühren sind niedriger, es fehlt aber eine Kostenbegrenzung. Diesen Vertrag dürfen Minderjährige nur mit Zustimmung der Eltern abschließen.

Nach **Stiftung Warentest**: Gut gewappnet. Handytarife, test Heft 9/2004, S.39

Wer ist minderjährig?
Kinder und Jugendliche zwischen 7 und 18 Jahren sind beschränkt geschäftsfähig und dürfen nur Käufe tätigen, die sie mit ihrem frei verfügbaren Taschengeld bezahlen können. Ansonsten müssen die Eltern vorher zustimmen. Falls sie das nicht getan haben, kann man das Geschäft rückgängig machen.

B Auf einen Blick

Ihr seid fähig, über eure Einnahmen und Ausgaben Buch zu führen.

Ihr problematisiert die Verschuldung Jugendlicher und erörtert die Bedeutung der Taschengeldplanung.

Ihr führt ein Rollenspiel zur Höhe des Taschengelds durch und wertet es aus.

Ihr entwickelt Regeln für ein Ausgabeverhalten, das sich an den Einnahmen orientiert.

2 Aidin hält sein Taschengeld unter Kontrolle

Aidins monatliche Buchführung

Aidin, 13 Jahre, bekommt von seinen Eltern 15 Euro Taschengeld im Monat. Er passt einmal in der Woche auf einen kleinen Jungen aus der Nachbarschaft auf und bekommt dafür vier Euro.

Meistens stecken ihm die Großeltern zweimal im Monat fünf Euro zu. Aber das ist nicht sicher.

Früher ist es ihm oft passiert, dass er in der letzten Woche des Monats kein Geld mehr hatte. Er musste sich bei Freunden verschulden. Jetzt plant Aidin seine monatlichen Ausgaben. Kleidung und Schulsachen bezahlen seine Eltern.

Für das Handy geben sie ihm monatlich eine Karte über 10 Euro. Wenn er eine weitere Karte braucht, muss er diese selbst bezahlen.

Aidin geht von 51 Euro Einnahmen im Monat aus. Das ist sein Erfahrungswert. Er überlegt zu Beginn des Monats, was er unbedingt braucht, z.B. Geld für Geburtstagsgeschenke, Kino oder Fußballkarten oder ein besonderes Fest. Eine zusätzliche Handykarte will er auf keinen Fall kaufen. Die Karte, die seine Eltern bezahlen, muss reichen. Er bildet eine Rücklage, damit er auch für nicht vorhersehbare Ausgaben Luft hat. Für den Monat Oktober sieht Aidins Ausgabenplanung so aus:

Microsoft Excel - Taschengeldplanung-Oktober.xls

Taschengeldplanung für Oktober

Einnahmen		**Ausgaben**	
Woher	**Wie viel**	**Wofür**	**Wie viel**
Eltern	15,00 €	Handy	10,00 €
Eltern (Handy)	10,00 €	Eintrittskarte Fußball	9,00 €
Großeltern (meistens)	10,00 €	Kinofilm	6,00 €
Babysitting	16,00 €	Geburtstagsgeschenk Tina	5,00 €
Summe	**51,00 €**	4x Cola nach Sport	4,00 €
		verplant	**34,00 €**
		noch unverplant	**17,00 €**

Aidins monatliche Buchführung

17 Euro sind noch nicht verplant. Was kann Aidin damit alles machen?

„Soll ich zunächst abwarten, ob unvorhergesehene Ausgaben anfallen?"

„Soll ich sofort den Bike-Computer für 13 Euro oder einen USB-Stick für 17 Euro kaufen?"

„Soll ich mir davon nach Lust und Laune Süßes und Getränke kaufen?"

„Soll ich 10 Euro sparen, damit ich in ein paar Monaten Sportschuhe kaufen kann?"

Was raten Aidins Freunde?

JULIA: „Einen Bike-Computer finde ich cool. Spar bei süßen Sachen. Die sind schnell gegessen."

TARIK: „Die Sportschuhe sind doch super. Spar dafür jeden Monat zehn Euro."

TANJA: „Wenn du sparen willst, dann aber für gute Zinsen. Ich habe ein → Online-Konto mit 2,5 Prozent Zinsen im Jahr. Früher hatte ich ein Sparbuch. Das brachte aber nur 1,5 Prozent Zinsen."

OLIVER: „Immer dieses Planen und Sparen! Sei locker und kauf, solange du Euros in der Tasche hast. Wenn nötig, kannst du dir Geld leihen."

ANKE: „Ich finde, du bekommst sehr wenig Taschengeld. Drück bei deinen Eltern eine Taschengelderhöhung durch."

Orientierungswerte zum Taschengeld 2010

Was Jugendämter empfehlen	
20,– Euro/Monat	12 Jahre
22,– Euro/Monat	13 Jahre
25,– Euro/Monat	14 Jahre
30,– Euro/Monat	15 Jahre
35,– Euro/Monat	16 Jahre
45,– Euro/Monat	17 Jahre
70,– Euro/Monat	18 Jahre

Wofür gaben 6- bis 13-Jährige ihr Taschengeld aus?
Befragung von 1700 Kindern aus dem Jahr 2009 – Ergebnisse in %

Süßigkeiten/Schokolade/Kaugummi	61
Zeitschriften/Magazine/Comics	51
Eis	32
Getränke	28
Spiele/Spielzeug	28
Essen unterwegs/Fast Food	22
Sticker/Sammelbilder	19
Kino	16
Musik-CDs	16
Computer/Konsolen	11
salzige Knabbereien	14

▲ **Egmont Ehapa Verlag**: Kids Verbraucheranalyse 2010

◄ **Geld und Haushalt – Beratungsdienst der Sparkassen-Finanzgruppe (Hrsg.):**
www.geldundhaushalt.de ► Tipps ► Taschengeld

A Aufgaben

1 Beurteilt die Meinungen von Aidins Freunden.

2 Erkundet die Höhe der Zinsen bei einem Sparbuch. Unterscheidet die Verfügbarkeit: jederzeit und Kündigungsfrist (= drei Monate).

3 Überprüft die Höhe der Zinsen auf einem Online-Konto. Haltet fest, welche Voraussetzungen für ein solches Konto erforderlich sind.

4 Führt ein *Rollenspiel* (siehe S.110) zum Thema Taschengelderhöhung durch. Nutzt die Rollenkarten (**M1**).

5 Entwickelt ein Formular für die Einnahmen und Ausgaben eures Taschengeldes und füllt dies einen Monat lang aus.

3 Weiterführendes Material

M1 Rollenkarten „Ich möchte mehr Taschengeld“

AIDIN

Aidin meint, er bekommt zu wenig Taschengeld von seinen Eltern. Seine Schwester Selma, die 15 Jahre alt ist, erhält 20 Euro. Das findet er ungerecht. Jungen brauchen auf jeden Fall mehr Geld als Mädchen.

AIDINs Mutter

Sie würde Aidin gerne etwas mehr Taschengeld geben, wenn er in einem ½ Jahr 14 Jahre alt wird. Sie möchte gerne einen schönen Familienurlaub machen. Sie findet, dass Aidin mit dem Geld der Großeltern genug bekommt.

AIDINs Vater

Er findet, dass Aidin genug Geld bekommt. Er erhielt in Aidins Alter von seinen Eltern nichts. Das Auto wird nicht mehr lange durchhalten. Er spart für einen Gebrauchtwagen. Der ist für die Familie wichtig.

M2 Jugend in der Schuldenfalle

Überschuldung
Sie liegt vor, wenn nach Abzug der lebensnotwendigen *Ausgaben* das Geld für die Zahlungsverpflichtungen nicht mehr ausreicht.

Verschuldung
Sie liegt vor, wenn Geldforderungen bestehen, die man sofort oder in Zukunft (Raten) begleichen muss.

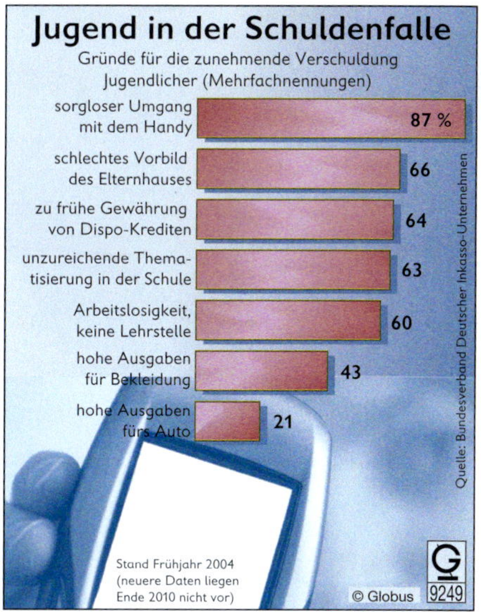

Wer hilft aus der Schuldenfalle?
Verbraucherzentralen, Wohlfahrtsverbände und Schuldnerberatungsstellen beraten Menschen, die Schuldner sind. Sie entwickeln einen Finanzplan und vermitteln Haushalts-, Sucht- oder Familienberatung.

Arbeiten mit den Materialien

Zu **M2, M3**
Sprecht über Gründe für die Verschuldung Jugendlicher. Überlegt Möglichkeiten, dies zu vermeiden.

Klug und umweltbewusst einkaufen

1 Was Verbraucher beim Einkauf wünschen und erleben

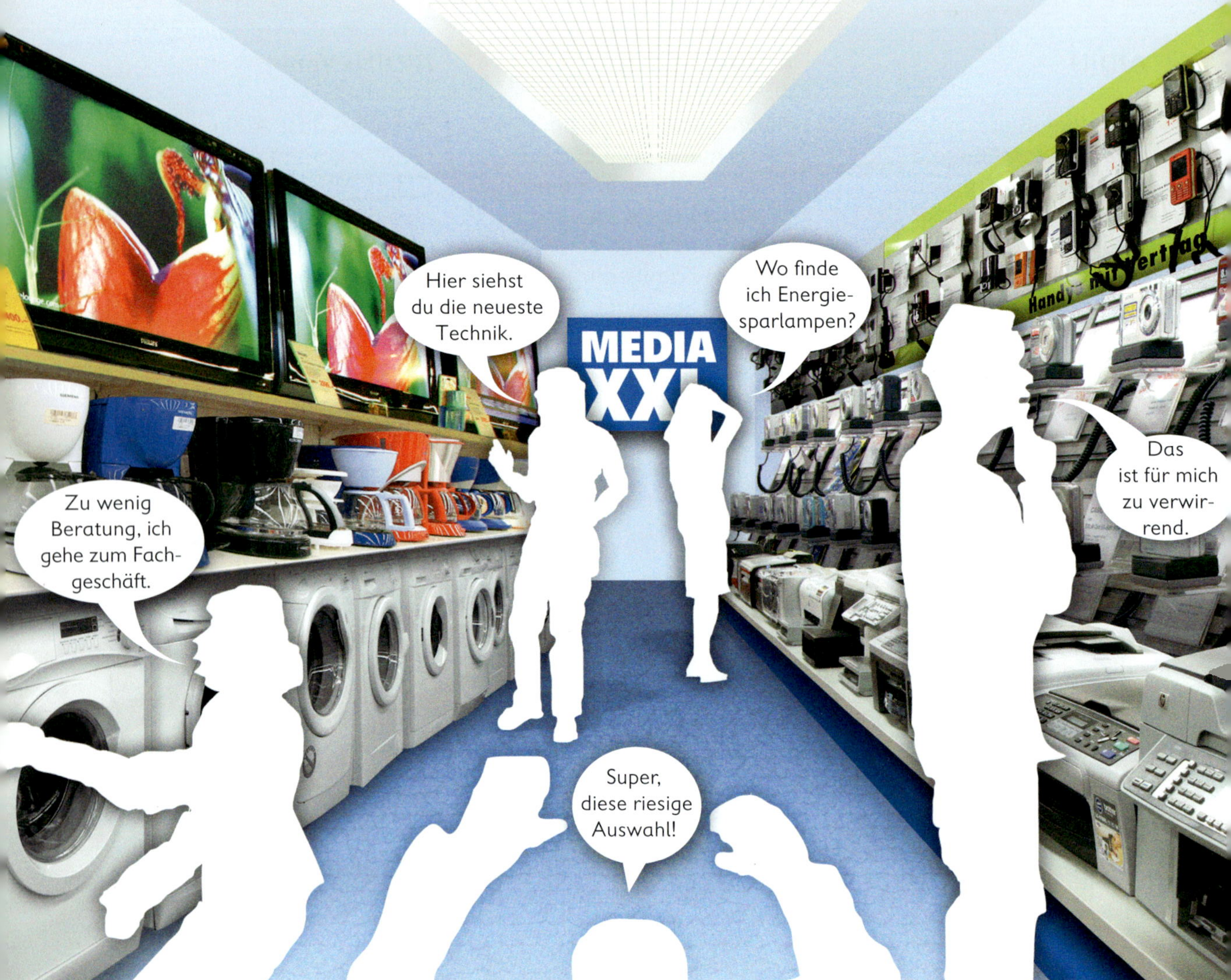

▸ **Leitauftrag** Beschreibt die Personen, zu denen die Worte passen könnten. Begründet. Berichtet von eigenen Erlebnissen.

B **Auf einen Blick**

Ihr benennt Gesichtspunkte von Händlern bei der Gestaltung eines Supermarktes.

Ihr plant eine Preiserkundung im Supermarkt, führt diese durch und wertet sie aus.

Ihr beschreibt Interessen von Verbrauchern beim Kauf im Supermarkt.

Ihr überprüft das eigene Verhalten beim Kauf von Lebensmitteln.

Ihr reflektiert Aussagen, Statistiken und Schaubilder kritisch.

2 Wie Experten einen Supermarkt planen

Die Einrichtung eines Supermarktes durch ein Unternehmen erfolgt genau nach Plan. Die Kunden sollen viel und oft kaufen.

Zwei Experten der Verbraucherzentrale haben erkundet, worauf Verbraucher achten sollten. Sie beschreiben, wie Supermärkte häufig gestaltet sind.

Am Eingang schnelle Schritte stoppen
Im Eingangsbereich gibt es eine Bremszone, in der Regel ein Drehkreuz, damit schnelle Schritte abgebremst werden. Die Kunden sollen langsam gehen und möglichst viele Waren wahrnehmen.

Obst und Gemüse im Eingangsbereich
Das frische und leuchtende Angebot an Obst und Gemüse soll sofort für gute Stimmung sorgen und zum Kauf verführen. Spiegel über den Waren verdoppeln scheinbar das Angebot.

Der neueste Trend sind feine Wassernebel, die aus Kühlelementen gesprüht werden und die Luftfeuchtigkeit erhöhen. Alles soll taufrisch aussehen.

Lauftempo im Gang bremsen
Eine Gangbreite von zwei Meter gilt als ideal. Es können gerade zwei Wagen aneinander vorbei. Sind die Gänge breiter, gibt es oft „Stopper", z.B. Grabbelkörbe oder Packpaletten.

In die teuren Bereiche locken
In den Gängen sind die Regalständer so angeordnet, dass die Kunden auf die teuren Produkte zulaufen, z.B. teure Kosmetika oder Pralinen in Geschenkpackungen.

Regalplätze unsichtbar in Zonen einteilen
Die Regale sind in eine Sichtzone (1,40 bis 1,80 Meter), Greifzone (0,60 bis 1,40 Meter), eine Bückzone (bis 0,60 Meter) und eine Reckzone (über 1,80 Meter) eingeteilt. In der Sichthöhe befinden sich auf Augenhöhe Produkte mit großen, in der Bück- und Reckzone die mit geringen → Gewinnspannen.
Es gilt die Regel: Ein Artikel, der in Kniehöhe im Regal steht, wird 30-mal verkauft, in Hüfthöhe 70-mal und in Augenhöhe 100-mal.

Keine Abkürzungen zur Kasse
Die Regale sind oft so angeordnet, dass der Weg zur Kasse nicht abgekürzt werden kann.

Im Kassenbereich möglichst viel Teures platzieren
Hier stehen die Produkte, an denen die Händler am meisten verdienen.
Bis zu 5 % des Umsatzes wird im Kassenbereich gemacht. Der Bereich umfasst nur 1,5 % der gesamten Ladenfläche. Die Anbieter hoffen darauf, dass die Kunden während der Wartezeit in der Schlange noch einmal zugreifen.
Der Kassenbereich heißt auch „Quengelzone". Viele Kinder „erquengeln" sich noch schnell einen Schokoriegel. Manchmal kosten die Riegel hier genauso viel wie im Dreierpack an anderer Stelle im Supermarkt.

Nach: **Schwartau, S. & Valet, A.:** Vorsicht Supermarkt, Hamburg 2007, S.11–13

Zur Zahl und zum Umsatz der Supermärkte siehe **M1**, **M2**, S.122.

A **Aufgaben**

1 Beschreibt die Anordnung der Waren. Welches Interesse steckt dahinter?

2 Haben sich Ben und Selma (S.118/119) durch die Anordnung der Waren beeinlussen lassen?

3 Erkundet einen Supermarkt und prüft, ob die Waren ähnlich angeordnet sind.

3 Umweltbewusster Einkauf im Supermarkt

A Aufgabe

Beurteilt den Einkauf von Ben und Selma.

4 Hülja und David interviewen eine Händlerin

Supermarkt Pinkow hat den Verkaufsraum neu gestaltet. Hülja und David interviewen Händlerin Schlöder.

HÜLJA: „Frau Schlöder, viele Kunden sind begeistert von dem neuen Verkaufsraum. Was war Ihnen bei der Gestaltung wichtig?“

FRAU SCHLÖDER: „In der Nähe sind zwei andere Geschäfte, die in den letzten zwei Jahren umgebaut haben. Da musste ich mitziehen. So eine Umgestaltung erlaubt es, den Laden nach den neuesten Trends der Verkaufsförderung zu gestalten. Bio ist im Trend. Wir bieten deshalb in der Obst- und Gemüseabteilung mehr Bio-Produkte in einem gesonderten Bereich an. Das spricht viele Kunden an. Der Verkauf läuft bestens.“

DAVID: „Der Verkaufsraum ist jetzt viel heller. Verbrauchen Sie jetzt nicht mehr Energie?“

FRAU SCHLÖDER: „Wir nutzen natürlich Energiesparlampen. Viel Licht macht Laune und verbessert die Kauflust – vor allem in der dunklen Jahreszeit. Gutes Licht ist für die Fleischtheken wichtig. Da sehen Fleisch und Wurst viel besser aus.“

HÜLJA: „Mir ist aufgefallen, dass jetzt im Eingangsbereich Backwaren verkauft werden.“

FRAU SCHLÖDER: „Ja, das ist wichtig. Allein der Duft des frischen Brotes lockt Kunden an. In den Abteilungen Tee, Kaffee und Körperpflege sprühen wir täglich gute Düfte.
Experten haben uns gesagt, dass Kunden sich in gut duftenden Verkaufsräumen länger aufhalten. Der Umsatz soll um rund sechs Prozent steigen. In der Vorweihnachtszeit locken z.B. Zimtgerüche und im Sommer Zitronen die Kunden an. Man darf nichts dem Zufall überlassen.“

DAVID: „Warum haben Sie die Abteilung für Süßwaren und Milchprodukte vergrößert?“

Frau Schlöder: „Diese Produkte sind im Trend. Unsere wichtigsten Ziele bei der Neugestaltung sind viele zufriedene Kunden, ein guter Umsatz und ein befriedigender → Gewinn. Der Supermarkt soll lange gut laufen.“

DAVID UND HÜLJA: „Vielen Dank für das Gespräch. Es war spannend, Ihnen zuzuhören.“

A
Aufgaben

1 Was war bei der Neugestaltung des Supermarktes für Händlerin Schlöder wichtig?

2 Welche Interessen verfolgt sie?

3 Wie könnte das Gespräch weitergehen?

5 Tarik und Lena interviewen eine Verbraucherin

Frau Reiners kauft oft beim Supermarkt Pinkow ein. Tarik und Lena wollen wissen, warum sie das macht und wie sie die Umgestaltung des Verkaufsraumes beurteilt.

LENA: „Frau Reiners, wie gefällt Ihnen der Umbau des Supermarktes Pinkow?“

FRAU REINERS: „Der gefällt mir prima. Das helle Licht spricht mich sehr an. Das größere Angebot an Bio-Produkten und Käse ist für mich wunderbar.

Zweimal in der Woche betreue ich meine kleine Enkelin. Die bekommt nur Bio-Produkte. Da habe ich jetzt mehr Auswahl. Leider gibt es nicht genug Produkte aus dem Umland. Das ist aus ökologischen Gründen nicht so gut.

Beim Käse gibt es jetzt weitere Sorten. Da kann ich noch mehr schlemmen als früher. Ich spare am Fleisch und genieße Käse und Jogurt.“

TARIK: „Warum kaufen Sie oft im Supermarkt Pinkow?“

FRAU REINERS: „Ich finde mich hier bestens zurecht. Keine langen Wege und nicht so viele Menschen. Das Angebot passt sehr gut zu meinen Konsumgewohnheiten. Bei den Produktgruppen, die mir wichtig sind, z.B. Käse, Obst und Gemüse, gibt es eine große Auswahl. Ich habe oft Lust auf neue Produkte. Da ist eine gute Fachberatung notwendig. Die Verkäuferinnen hier sind gut geschult.
Bei den Discountern ist es mir zu hektisch. Das Angebot ist nicht vielschichtig genug. Beratung gibt es überhaupt nicht. Wenn ich einen großen Haushalt hätte, würde ich das vielleicht anders sehen.“

TARIK: „Was gefällt Ihnen bei Pinkow nicht?“

FRAU REINERS: „Die Preisauszeichnung bei den Milchprodukten müsste verbessert werden. Oft muss ich mich an der Theke bücken, um die Preisschilder lesen zu können. Außerdem sind sie den Produkten nicht klar zugeordnet.“

TARIK UND LENA: „Vielen Dank für das Gespräch. Es war spannend, Ihnen zuzuhören.“

A

Aufgaben

1 Welche Interessen verfolgt Frau Reiners?

2 Überprüft bei den oben abgebildeten Produkten, inwieweit der Produktname über das Produkt informiert.

3 Erkundet in einem Supermarkt die Theke mit Käse und Jogurt sowie die Abteilungen für Obst und Gemüse. Achtet auf Bio-Produkte. Kommt ihr zu einem ähnlichen Ergebnis wie Frau Reiners?

6 Weiterführendes Material

M1 Lebensmittelhandel in Deutschland

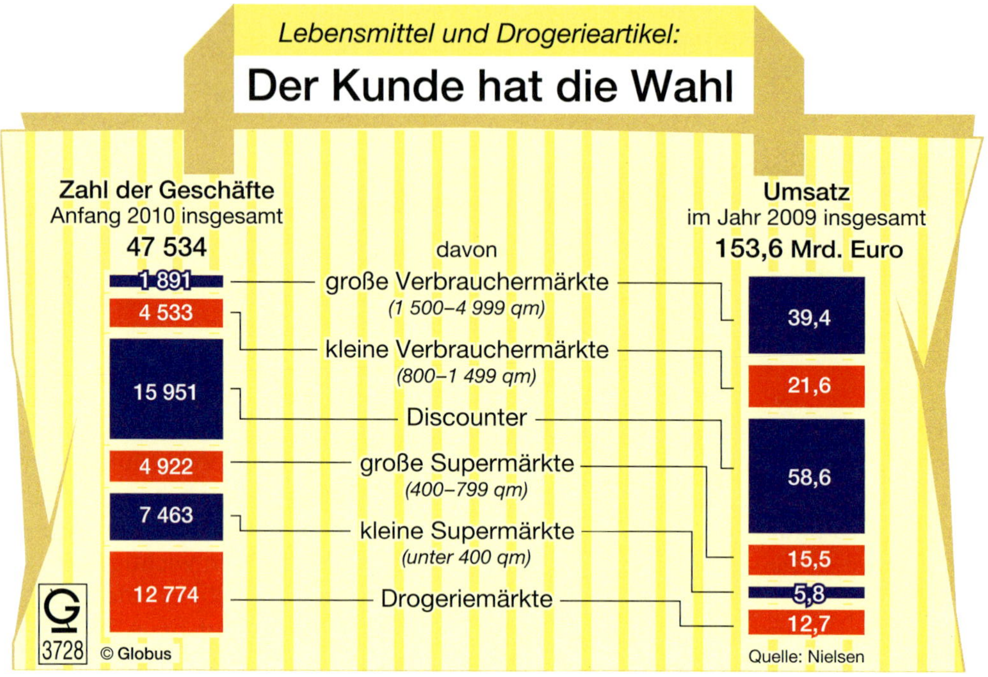

M2 Deutschlands größte Lebensmitteldiscounter nach Anzahl der Filialen

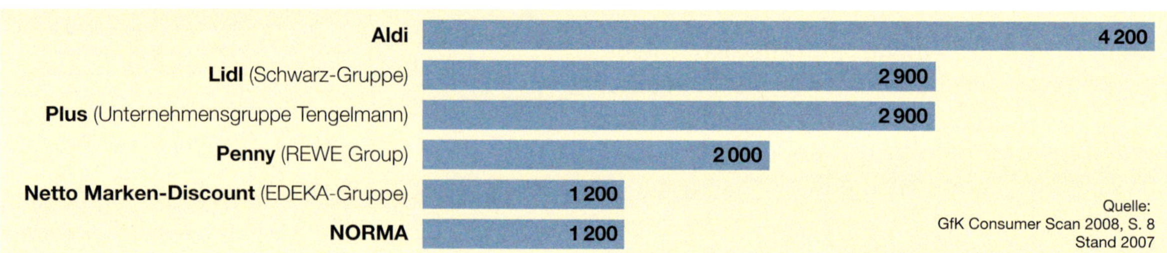

M3 Aufgepasst bei Preisvergleichen: Beispiel Nutella zwischen 1,19 € und 1,89 €

Ende 2010 haben Judith und Regina in verschiedenen Geschäften eine Preiserkundung für Nutella durchgeführt.
Die Preise lagen zwischen 1,19 € und 1,89 €.

Geschäft	Preis für Nutella, 400-g-Glas	Besonderheit
1	1,89 €	
2	1,79 €	
3	1,89 €	Sonderangebot 400 g + 40 g
4	1,29 €	
5	1,19 €	Sonderangebot

Methode Umgang mit Statistiken und Schaubildern

Die Grunddaten

Die 5 größten Online-Shops in Deutschland 2008*.

Versandhandel	Umsatz (Menge × Preis) in Mio. Euro
www.amazon.de	1646
www.quelle.de	657
www.otto.de	583
www.conrad.de	411
www.neckermann.de	385
Insgesamt	17500

▸ EHI Retail Institute www.handelsblatt.de http://www.handelsdaten.de/statistik/daten/studie/154308/umfrage/umsatz-der-groessten-online-shops-in-deutschland/

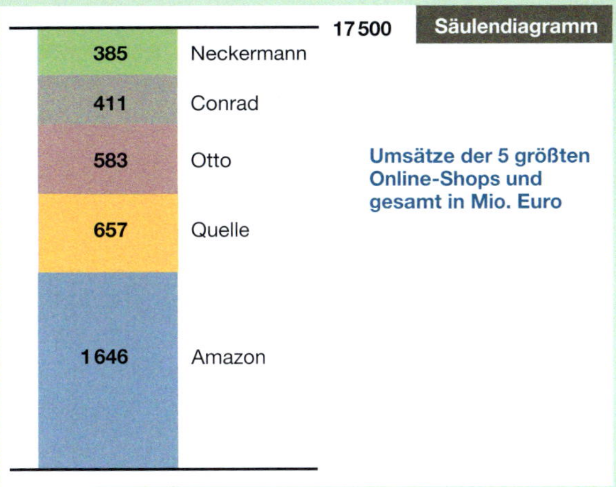

Man kann diese Daten so darstellen, dass sie schnell auf einen Blick zu lesen sind. Das ist möglich durch ein Balkendiagramm, ein Säulendiagramm oder ein Kreisdiagramm.

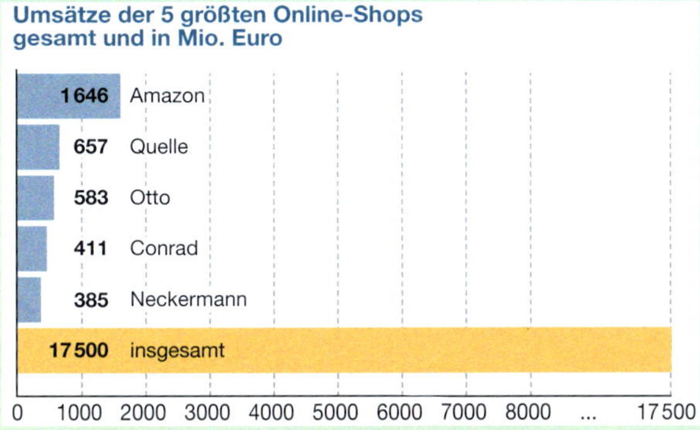

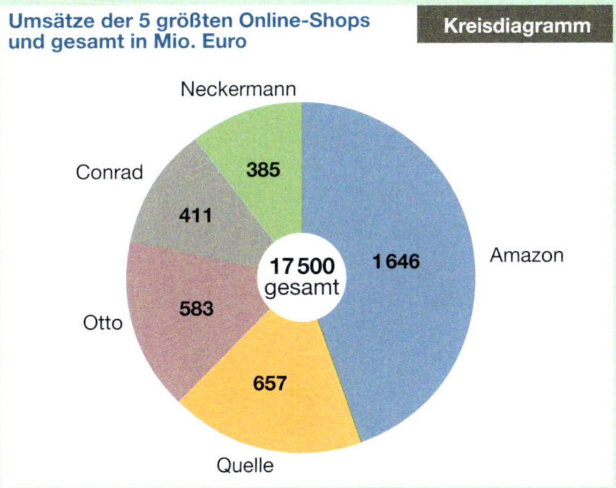

*Insgesamt wurde für 1000 Unternehmen der Umsatz erhoben. Bei der Tabelle und den Diagrammen werden nur die fünf größten berücksichtigt.

Fragen zur Auswertung

- **Sind Schaubild und Schrift gut zu sehen?**
- **Ist die Quelle angegeben?**

Die Quelle gibt Auskunft darüber, wer die Daten erhoben hat, z.B. eine unabhängige Einrichtung wie das Statistische Bundesamt, ein Informationsdienst wie Globus-Kartendienst oder eine Interessengruppe, z.B. Arbeitgeberverband, Gewerkschaft.

- **Ist das Jahr angegeben?**
  Die Angabe des Jahres kennzeichnet die Aktualität der Quelle.
- **Sind die Daten im Schaubild angegeben?**
  Es sollten auf jeden Fall die Gesamtdaten angegeben sein.
- **Welche Darstellung ist für euch besonders übersichtlich?**

Methode Preiserkundung im Einzelhandel

1 Darum geht es

Ein kluger Verbraucher weiß, dass die Güterpreise in verschiedenen Geschäften unterschiedlich sein können. Er führt deshalb Preiserkundungen durch: in den Geschäften selbst, durch Auswerten von Werbematerial oder im Internet. Manchmal ist ein Austausch mit Freunden wichtig.

Wenn es nur um eine Preiserkundung geht, hat der Verbraucher sich bereits für ein bestimmtes Produkt und die gewünschte Qualität entschieden.

2 So läuft es ab

Vorbereitung

Ihr legt ein Produkt fest, das in wenigstens zwei oder drei Geschäften in eurer Umgebung zu kaufen ist (siehe Beispiel **M3**, S.122).

Bei leicht verderblichen Waren ist es wichtig, das Mindesthaltbarkeitsdatum (MHD) zu beachten. Manche Geschäfte senken den Preis für Produkte, deren MHD bald abläuft. Für eine Kaufentscheidung ist es wichtig zu entscheiden, ob die Ware kurzfristig verzehrt werden soll.

Erstellt für jede ausgewählte Ware einen Erkundungsbogen. Legt Einzelheiten für das Produkt genau fest, z. B. ein bestimmter Jogurt, Tiefkühlspinat, Orangensaft, H-Milch (3,5 % Fettgehalt), Olivenöl.

Preissenkung für .... (Bezeichnung des Lebensmittels)					
Geschäft/ Name	**Produktname**	**Gewicht/ Volumen**	**MHD überschritten**	**Grundpreis pro kg/l**	**Sonderpreis ja/nein**
Händler A					
Händler B					
Händler C					

Durchführung

Bildet zu zweit Gruppen. Wählt wenigstes zwei bestimmte Lebensmittel aus. Überlegt, ob dieses Lebensmittel in verschiedenen Geschäften angeboten wird. Vergleicht die Preise in den Geschäften.

Auswertung

Tragt die Ergebnisse in der Klasse zusammen. Überlegt, ob ihr eure Erfahrungen beim Einkauf für den Hauswirtschaftsunterricht oder eure Familie verwenden könnt.

Alles klar?

Klug und umweltbewusst einkaufen

1 Was ist Händlern bei der Gestaltung eines Supermarktes wichtig? Nenne wenigstens vier Gesichtspunkte.

2 Was ist Verbrauchern bei der Gestaltung eines Supermarktes wichtig? Nenne wenigstens vier Gesichtspunkte.

3 Warum fühlte sich der Supermarkt Pinkow gezwungen, seinen Geschäftsraum neu zu gestalten?

4 In vielen Fachgeschäften sind die Produkte teurer als in Verbrauchermärkten. Warum kaufen Verbraucher trotzdem dort?

5 Worüber informiert das Bio-Siegel?

Bio
nach
EG-Öko-Verordnung

6 Welche Information fehlt jeweils?

7 Welchen Kassenbereich würde Händlerin Schlöder (S.120) bevorzugen? (S.120)
Nenne Gründe.

Damit das Taschengeld reicht

8 Begründet Regeln für die Planung der Ausgaben.

9 Wovon sollte die Höhe des Taschengeldes abhängen?

10 Jonas, 12 Jahre, wünscht sich zu Weihnachten ein Handy. Er will unbedingt einen Mobilfunkvertrag haben: „Kartenhandys sind uncool.“
Nimm Stellung und begründe deine Meinung.

Märkte und Preise

1 Was tut sich am Markt?

Auf dem Markt treffen sich Anbieter und Nachfrager. Auf manchen Märkten handeln sie die Preise aus, z.B. auf dem Basar oder Flohmarkt. Auf den meisten Märkten stehen sich Anbieter und Nachfrager nicht direkt gegenüber.

Im Supermarkt wird über Preise nicht verhandelt. Verbraucher können aber vorab die Angebote verschiedener Anbieter vergleichen, z.B. über Anzeigen, Preiserkundungen in den Geschäften oder im Internet.

▲ Lydia: „Wie kommt es zu den Preisunterschieden?"

▲ Chris: „Das ist zu teuer. Mehr als 150 Euro geht nicht. Ich muss weitersurfen."

▲ Hasan: 40, Sandra: 20, Hasan: 30, Sandra: ...

▸ **Leitauftrag** Notiert, was auf den Abbildungen gleich und was unterschiedlich ist. Welche weiteren Märkte kennt ihr?

B Auf einen Blick

Ihr beschreibt unterschiedliche Märkte.

Ihr beschreibt am Beispiel des Fischkaufs, wie sich Anbieter und Verbraucher am Markt verhalten sollen.

Ihr erklärt am Beispiel der Fischhandlung Schneider und des Textilladens Röder, wie sich Preise am Markt bilden.

Ihr erkundet in Supermärkten und Discountern das Angebot an Fisch und vergleicht zwischen den Geschäften.

2 Anbieter und Nachfrager in Aktion

Interview mit Fischhändler Schneider

INTERVIEWER ANDI: „Herr Schneider, Sie verkaufen schon seit 20 Jahren hier in diesem Geschäft Fisch. Sie haben sich trotz vieler Veränderungen auf dem Markt behauptet.
Wie ist Ihnen das gelungen?"

SCHNEIDER: „Meine Arbeit macht mir Spaß. Ich kann entscheiden, was ich anbiete, in welcher Menge und zu welchem Preis.
Ich kaufe den frischen Fisch auf dem Großmarkt und informiere mich über Preis und Qualität der Ware. Meine Kunden müssen sich auf mich verlassen können."

ANDI: „Vor drei Jahren hat der Verbrauchermarkt hier in der Nähe sein Angebot an Tiefkühlfisch erheblich erweitert. Hat sich dadurch etwas verändert?"

SCHNEIDER: „Ja, das war zunächst schwierig. Einige Kunden blieben weg. Ich habe daraufhin sehr genau gerechnet und überprüft, ob nicht andere Händler auf dem Großmarkt gleich guten Fisch zu niedrigeren Preisen anbieten. Ich konnte da was rausholen und die Preise senken. Das war für die Kunden ein Anreiz, weiter zu uns zu kommen. Die meisten schätzen unseren frischen Fisch. Wir haben ihnen den Unterschied genau erklärt – auch in Anzeigen in der Stadtteilzeitung.
Außerdem haben wir unser Angebot an Fischsalaten erweitert. Meine Frau hat sich mit internationaler Fischküche beschäftigt. Wir bieten immer wieder neue Sorten an. Das macht die Kunden neugierig. Jede Woche gibt es ein Sonderangebot. An den Salaten verdiene ich übrigens sehr gut."

ANDI: „Ich merke, dass die Erweiterung der Fischabteilung des Verbrauchermarktes Ihre Preisbildung stark beeinflusst hat."

SCHNEIDER: „Das kann man so sagen. Übrigens: Seit vier Monaten bieten wir mehr Fisch aus nachhaltiger Fischwirtschaft an. Wir kaufen bei zuverlässigen Großhändlern."

ANDI: „Wie haben sich Ihre Kunden verhalten?"

SCHNEIDER: „Prima. Wir haben neue dazugewonnen. Immer mehr Menschen sehen die Notwendigkeit einer nachhaltigen Fischwirtschaft ein und handeln entsprechend."

ANDI: „Ich verstehe, dass Sie sich immer wieder neu anstrengen müssen. Vielen Dank für das Gespräch."

Ben Rüter, Käufer bei der Fischhandlung Schneider, berichtet darüber, warum er wo Fisch kauft.

„Ich esse gern Fisch – auch wenn er in den letzten Jahren recht teuer geworden ist. Es gibt allerdings nicht mehr genug Fisch, weil zu viel gefangen wird. Aber nun, Fisch ist gesund, vor allem Seefisch. Da muss ich mehr ausgeben.

Es ist prima, dass der Verbrauchermarkt sein Angebot an Tiefkühlfisch stark erweitert hat.

Die Fischhandlung Schneider musste die Preise senken, weil ihr Kunden davonliefen. Nicht alle Kunden bevorzugen Frischfisch. Er ist meistens teurer. Gut war, dass Schneider wegen seines Konkurrenten (Wettbewerbers) nun auch Salate anbietet. Die kaufe ich gern.

Ich kaufe jetzt beim Verbrauchermarkt meine Tiefkühlkost. Die ist vergleichsweise preiswert und gut für meine Vorratshaltung. Es gibt Tiefkühlfisch mit guter Qualität. Da habe ich mehr Auswahl. Leider gibt es nur wenige Produkte mit dem MSC-Siegel.

Mir gefällt es gut, dass Schneider jetzt mehr Fisch aus nachhaltiger Fischwirtschaft verkauft. Er bietet keine Fische an, deren Bestand gefährdet ist. Außerdem gibt er an, wo und wie die Fische gefangen wurden. Gut, dass Andrea Fischer, die den Laden bald übernehmen wird, bei Greenpeace mitmacht.
Ich informiere mich ab und zu selbst im Internet bei Greenpeace. Empört haben mich die Fangmethoden, bei denen Fische als so genannter → Beifang sterben müssen (s. S.130).

Leider gibt es bei Tiefkühlfisch noch keine einheitliche Produktkennzeichnung. Das Bio-Siegel gilt nicht für Fisch. Ich halte mich an das MSC-Siegel. Ich kann als Verbraucher nicht dauernd Informationen einholen. Da sind Umwelt- und Verbraucherorganisationen nötig."

Der MSC (Marine Stewardship Council) ist eine unabhängige Organisation, die sich weltweit für nachhaltigen Fischfang einsetzt. Nur wer von der Organisation überprüft wurde, darf das MSC-Siegel verwenden.
www.msc.org

MARINE STEWARDSHIP COUNCIL ©

A Aufgaben

1 Notiert, was Fischhändler Schneider ändert, als der Verbrauchermarkt sein Angebot an Tiefkühlfisch erweitert hat.

2 Wem nutzen die Änderungen?

3 Wie verhält sich Rüter als kluger Verbraucher?

4 Befragt Eltern und Mitschüler, was sie über nachhaltigen Fischfang wissen und ob sie das MSC-Siegel kennen.

5 Erkundet die Preise für Frischfisch und Tiefkühlfisch, z.B. bei Seelachs.

6 Informiert euch bei Greenpeace und beim MSC über die aktuelle Lage beim Fischfang und über Kampagnen. Siehe auch M2.

3 So entstehen Preise

Die Bildung von Preisen auf dem Markt führt dazu, dass die Anbieter ihre Güter zu unterschiedlichen, darunter auch günstigen Preisen anbieten. Die Verbraucher sollten Preise und Qualitäten vergleichen und das preiswerteste Angebot kaufen.

Die Fischhandlung Schneider senkte ihre Preise, weil ein Konkurrent Tiefkühlfisch zu niedrigeren Preisen anbot. Der Preisunterschied von Frischfisch und Tiefkühlfisch wurde zu groß. Außerdem bot Schneider neue Fischsalate an, um alte und neue Kunden anzulocken.

Rüter legt Wert auf Fisch aus nachhaltigem Fang. Da die Fischhandlung Schneider erwartet, dass noch mehr Kunden so wie Rüter handeln, bietet sie mehr davon an. Sie hofft, dadurch weitere Kunden zu gewinnen.

Wenn immer mehr Verbraucher auch bei Tiefkühlfisch auf Nachhaltigkeit achten, wird der Verbrauchermarkt bald mehr Fisch mit dem MSC-Siegel anbieten.

Für das Verhalten von Rüter und anderen Verbrauchern war es wichtig, dass sie sich gut informierten. Das ist nicht einfach. Gerade bei der Qualitätsprüfung ist eine Unterstützung durch Umwelt- und Verbraucherorganisationen nötig, z.B. durch ein Siegel oder durch Informationen im Internet.

Nicht immer funktioniert die Preisbildung so wie bei der Fischhandlung Schneider und dem Verbrauchermarkt.

▲ Timo: „Der Aufdruck bei den Shirts ist absolut uncool."
Jens: „Die Farben der Shirts sind out." Tarik: „Die sind nicht aus fairem Handel."

A Aufgaben

1 Wie sollen sich Anbieter und Verbraucher auf dem Markt verhalten?

2 Erklärt das Ergebnis der Preisbildung bei Shirts und Sportschuhen. Nennt Gründe. Was ist gleich und was ist anders als bei der Preisbildung bei Schneider?

4 Weiterführendes Material

M1 Greenpeace prüft Nachhaltigkeit beim Fischkauf

Im Dezember 2007 veröffentliche Greenpeace die Ergebnisse einer Befragung von Supermärkten und Discountern nach ihrem Einkauf von Tiefkühlfisch und Meeresfrüchten.
Wichtig waren u.a. die Definition von Nachhaltigkeit bei Fisch, die Grundsätze einer nachhaltigen Einkaufspolitik und die Rückverfolgung der eingekauften Produkte.

Die besten Fünf: Norma, Kaufland, Metro Group, Lidl und Rewe.
Greenpeace bescheinigt den Unternehmen, dass sie sich der Gefährdung der Meere und Fische bewusst sind und ihre Einkaufspolitik ein Stück geändert haben.

Nach: www.greenpeace.de/themen/meere/wale_ihre_gefaehrdungen/artikel/delfine_mitgefischt_und_weggeschmissen

M2 Zerstörerische Gespannschleppnetze

Gespannschleppnetze sind riesige Netze. Sie werden von zwei Schiffen gezogen. Wenn Fische im Netz sind, gibt es kein Entkommen mehr. Untersuchungen weisen nach, dass z.B. die Fischerei auf den Wolfsbarsch zu einem großen Delfinsterben führte. Sie blieben im Netz hängen und ertranken. Es sind allein im Ärmelkanal Hunderte pro Jahr.
Greenpeace fordert ein Verbot aller Fangmethoden, bei denen Fische als so genannter Beifang sterben müssen.

Nach: www.greenpeace.de/themen/meere/wale_ihre_gefaehrdungen/artikel/delfine_mitgefischt_und_weggeschmissen

Was außerdem fehlt, ist vor allem eine angemessene Information der Kunden. Über eine Veränderung der Einkaufsgewohnheiten könnten Discounter nämlich viel mehr Einfluss auf einen nachhaltigen Fischfang nehmen, z.B. auf die Art des Fischfangs.

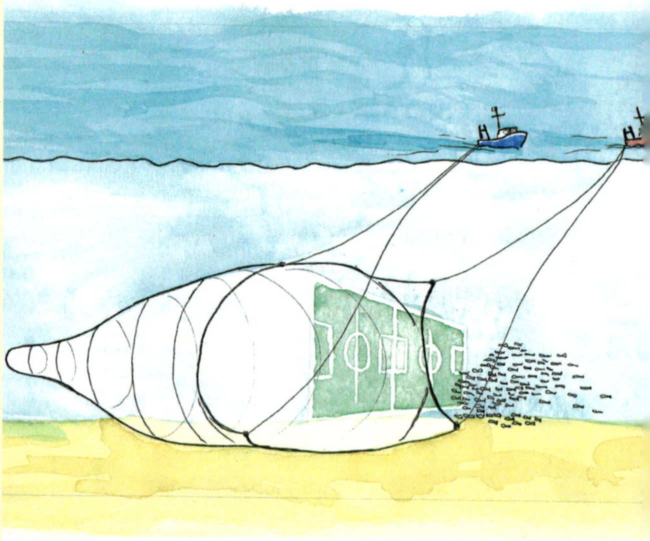

Am Ende der Netze verfangen sich Delfine und ertrinken qualvoll.

Die Netzöffnung entspricht der Größe von bis zu zwei Fußballfeldern.

Arbeiten mit den Materialien

Zu **M1**

1 Überprüft in Supermärkten und bei Discountern eurer Umgebung, ob Tiefkühlfisch mit dem MSC-Siegel angeboten wird. Fragt Verkäufer, ob sie das Siegel kennen.
Wenn ja, fragt danach, was das Siegel bedeutet.
Wenn nein, fragt danach, ob ihr es erklären dürft.

2 Vergleicht die Preise von Tiefkühlfisch mit und ohne MSC-Siegel.

Zu **M2**

1 Beschreibt mit eigenen Worten Funktion und Auswirkungen eines Gespannetzes.

2 Überlegt, ob ihr eine Dokumentation für Mitschüler eurer Schule über die Bedeutung eines nachhaltigen Fischfangs erstellt.

Werbung und Wettbewerb

1 Werbung mit Unternehmenszielen

Mögliche Unternehmensziele

- Befriedigender Gewinn
- Sicherung des Marktanteils
- Ansehen in der Gesellschaft
- Beachtung fairer Handelsbeziehungen – lokal und global
- Marktmacht
- Hochwertige Produkte bei möglichst niedrigen Verbraucherpreisen
- Zufriedene Kunden
- Qualifizierte und zufriedene Beschäftigte
- Vorreiter beim Einsatz nachhaltiger Technologien

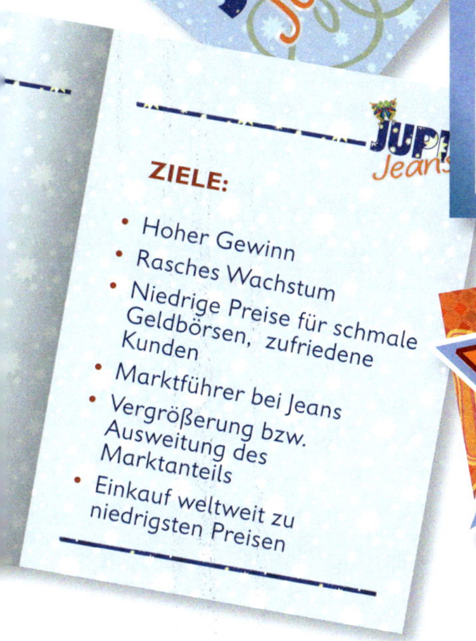

▸ **Leitauftrag** Die beiden Unternehmen sind Wettbewerber auf dem Textilmarkt. Wie werben sie um ihre Kunden?

B Auf einen Blick

Ihr begründet, warum Unternehmen um Verbraucher werben.

Ihr beurteilt Werbung nach verschiedenen Gesichtspunkten.

Ihr ermittelt, worauf ein kluger Verbraucher beim Kauf achten muss.

Ihr führt eine Pro-Kontra-Debatte zur Position von Kindern in der Werbung durch und wertet diese aus.

2 Werbung für Energy-Drinks

Teamsitzung der Abteilung Werbung des Unternehmens „Radewald“

MIKE: „So, das sind die zwei besten Dosen-Entwürfe der von uns beauftragten Agentur für die neue Marke POWER LEO.
Nur zu eurer Information: Die Verkaufszahlen für COOLDRINK sind in den letzten vier Wochen weiter stark gesunken. Da müssen rasch ein neuer Name und ein neues Outfit her. In der Dose selbst bleibt alles gleich.
Wir müssen heute entscheiden, wie die Dosen aussehen sollen. Anzeigen werden dann in verschiedenen Kinder- und Jugendzeitschriften erscheinen. Die Dose wird dabei im Vordergrund stehen.“

HÜLJA: „Drei unserer Wettbewerber (Konkurrenten) bieten eine Dose Power Drink um 5 Cent weniger an. Einer hat erst vor acht Tagen den Preis erneut um 2 Cent gesenkt. Kommen wir da mit?“

RONNY: „Ihr kennt ja die Order unserer Chefs: ‚Der Preis wird nur um 5 Cent gesenkt.‘ Entscheidend ist jedoch, dass ihr einen Zusatznutzen herausstellt, z.B. Fitness oder Gesundheit. Lasst euch da mal etwas einfallen.
Die Dosen selbst sind hervorragende Werbeträger. Es kommt auf das Styling und die Botschaft auf der Dose an. Für das, was in der Dose drin ist – die Inhaltsstoffe –, interessieren sich die Kids nicht. Die sind keine kritischen Verbraucher.“

HÜLJA: „Erfolgreiche Werbung muss zu einer Erhöhung des Verkaufs und des Gewinns führen. Das ist das erste Ziel. Wir erreichen es, wenn wir die Gefühle der Kids und ihre Träume ansprechen. Darauf müssen wir achten.“

MIKE: „Unsere Werbung muss unschlagbar sein. Jetzt zur Sache: Welchen Entwurf findet ihr am besten?“

A

Aufgaben

1 Warum soll das Produkt Power Leo auf den Markt? Ist es ein neues Produkt?

2 Was hält das Team bei der Werbung für wichtig? Notiert Stichworte.

3 Welchen Zusatznutzen hat sich das Team einfallen lassen?

4 Entscheidet euch für einen der beiden Entwürfe. Nennt Gründe.

5 Ronny meint, dass Kinder keine kritischen Verbraucher sind. Was antwortet ihr ihm? Führt dazu eine Pro-Kontra-Debatte durch.

WIEWOWAS
Die unabhängige Verbraucherberatung

Aufgepasst bei Energy-Drinks

Viele Jugendliche denken, Energy-Drinks sind prima für den Sport. Das ist nicht so – auch wenn es die Werbung verspricht. Wenn jemand beim Sport viel schwitzt, braucht er viel Flüssigkeit.

Der Körper kann am besten ungesüßte Flüssigkeit aufnehmen, z.B. Mineral- oder Leitungswasser.

Energy-Drinks enthalten meistens Koffein. In einer Dose von 250 ml steckt so viel Koffein wie in zwei Tassen Kaffee – je nachdem, wie stark er ist. Wenn zum Beispiel 1 Liter Energy-Drink getrunken wird, dann kann das problematisch werden: Zu viel Koffein kann zu Herzrasen, Schwindelattacken und Schlaflosigkeit führen. Wer will das schon?

Was ist besser?

Mischt euch einen Drink aus Mineralwasser und Apfelsaft. Nehmt 1 Teil Saft und 3 Teile Mineralwasser. Ihr könnt auch ungesüßte Tees verwenden.

Auf die Flüssigkeit kommt es an!
Außerdem: Ihr spart viel Geld.

Die Zeitschrift Ökotest hat im August 2007 einen Test von Energy-Drinks veröffentlicht. Schaut mal rein.

Werbetricks mit Food-Styling

„Ob unschmelzbares Eis, rohes Huhn oder Burger mit Vaseline:

Wenn Lebensmittel zu Werbezwecken fotografiert werden, wird an ihnen mindestens so viel herumgeschminkt wie an weiblichen Supermodels …

Will man Speiseeis für eine Werbekampagne fotografieren, hat man ein Problem: Egal, ob draußen bei sommerlichen Temperaturen oder drinnen im Studio, es ist immer viel zu warm. Und das Eis ist schneller geschmolzen, als man auf den Auslöser der Kamera drücken kann …

Aus Frischkäse und Speisestärke wird eine ungenießbare Pampe angerührt, die einem leckeren Eis zum Verwechseln ähnlich sieht. Aus der Masse können Kugeln geformt werden, es entsteht aber auch diese typische geriffelte Eisstruktur …

Oder zum Beispiel ein leckeres, knuspriges Brathähnchen. Kommt es direkt aus dem Ofen, sieht es noch einigermaßen fotogen aus, aber schon nach wenigen Minuten wird es schrumpelig, das Fleisch löst sich vom Knochen, Fett tropft heraus … Mit so einem müden Flattermann kann man kein zweistündiges Fotoshooting machen. Also bastelt man sich das perfekte Brathuhn selbst …“

Nach: www.checked4you.de ▸ Trends + Shopping ▸ Werbung ▸ Food-Styling

7

A Aufgaben

1 Warum sind Energy-Drinks viel teurer als das selbst gemixte Getränk?

2 Wie sieht euer Sportgetränk aus? Wollt ihr etwas ändern?

3 Stellt einmal ein „fotogenes“ Eis, das nicht schmilzt, her. Fotografiert es.

4 Kauft eine Tiefkühlpizza, eine Tütensuppe oder eine Dose Ravioli und vergleicht das Foto auf der Verpackung mit dem Produkt selbst.

4 Stimmt die Werbung?

Hilfen zur Beurteilung der Werbung:

Die Zielgruppe
Meistens zielt die Werbung auf eine bestimmte Zielgruppe, z.B. Kinder, junge Eltern, Großeltern.

Gefühle
Mit dem Kauf von Eis sollen gute Gefühle verbunden werden. Sie zielen z.B. auf Lebensfreude, Sportlichkeit, Gesundheit, Genuss, Kraft.

Sprache
Werbetexter arbeiten oft mit Übertreibungen, Steigerungsformen und Wörtern, die für die Zielgruppe typisch sind.

A **Aufgaben**

1 Vergleicht die Werbung. Nutzt folgende Stichworte:

	Eisfit	Naturliebe
Zielgruppe		
Gefühle bei der ersten Betrachtung		
Gedanken bei der ersten Betrachtung		
Wirkung der Tiere		
Landschaft und Zielgruppe		
Farben und Zielgruppe		
Produktname und Zielgruppe		
Text und Zielgruppe		
Was möchtet ihr noch wissen?		

2 Entwerft eine Eis-Werbung nach eigenen Ideen.

3 Untersucht Werbung in Jugendzeitschriften.

5 Weiterführendes Material

M1 Werbung: Information oder Verführung?

Ron, Chef einer Werbeagentur
„Ohne Werbung würde in unserer Wirtschaft nichts laufen.
Werbung informiert uns über neue Produkte, die unser Leben erleichtern und uns Spaß bringen. Woher wüssten wir sonst, welche Produkte energiesparend sind, wenn nicht für sie geworben wird?
Werbung ist für einen Wettbewerb der Unternehmen im Dienst der Verbraucher wichtig.
Durch die Werbung weisen die Unternehmen auf ihre Leistung hin. Die Verbraucher können die Produkte vergleichen und die besten kaufen.
Die Vorstellung, dass Werbung zum Kauf verführe, ist unsinnig. Der moderne Verbraucher ist selbstbewusst und lässt sich nicht so leicht beeinflussen."

Reyhan, Angestellte einer Verbraucherberatungsstelle
„Informative Werbung ist gut für den Verbraucher. Da spricht nichts dagegen.
Leider ist jedoch die Werbung oft nicht informativ. Es wird häufig nichts oder nur wenig über die Qualität des Produktes und den Preis gesagt. Die Angaben von Inhaltsstoffen bei Lebensmitteln findet man z.B. in der Werbung nur, wenn einer der Stoffe als gesund oder besonders geschmackvoll herausgehoben wird.
Werbung zielt meistens auf die Gefühle der Menschen und nicht auf den Kopf. Es werden Sehnsüchte und Träume geweckt. Da wird ein Zusatznutzen vorgegaukelt, der sich selten einstellt. Ein Preis- und Qualitätsvergleich ist für den Verbraucher schwer möglich. Da braucht er Unterstützung, z.B. durch unabhängige Testinstitute.
Werbung will zum Kauf verführen – durch Farbe, Styling, Musik und gefühlvolle Worte."

M2 Grenzen der Werbung

Das Gesetz gegen den unlauteren Wettbewerb (UWG) schützt Verbraucher gegen unlauteren (unehrlichen) Wettbewerb. Beispielsweise gegen unzumutbare Belästigungen durch Telefonwerbung und bei Gewinnspielen oder vor irreführender Werbung. Verboten ist z.B. bei Preisausschreiben Folgendes:

Das Gesetz gegen den unlauteren Wettbewerb formuliert auch Verhaltensregeln für Unternehmen, die um die Verbraucher konkurrieren.
Unternehmen dürfen über ihre Mitbewerber keine falschen oder herabsetzenden Informationen verbreiten.

Verbraucher-Spaß
Sie gewinnen bei diesem Preisausschreiben immer mehr, als Sie einzahlen. Lösen Sie das Rätsel, schicken Sie es uns zu und zahlen Sie 30 Euro auf unser Konto.

Arbeiten mit den Materialien

Zu **M1**

1 Notiert die Gesichtspunkte von Ron und Reyhan.

2 Stimmt ihr eher Ron oder eher Reyhan zu? Vergleicht die Gesichtspunkte mit der Werbung auf den Seiten 132 und 134.

Zu **M2**

1 Begründet das rote Kreuz bei der Abbildung.

2 Informiert euch näher über das Gesetz gegen den unlauteren Wettbewerb im Internet. www.google.de, Eingabe: UWG

Methode Pro-Kontra-Debatte

1 Darum geht es

Die Pro-Kontra-Debatte verfolgt das Ziel, gegensätzliche Meinungen klar herauszuarbeiten. Wenn man die gegensätzlichen Argumente versteht, gelingt die Einigung auf einen tragfähigen Kompromiss eher.

Ihr lernt
- die eigene Meinung klar zu vertreten,
- gegensätzliche Argumente zur Kenntnis zu nehmen, ...
- die eigene Meinung ggf. zu verändern.

2 So läuft es ab

Vorbereitung
Formuliert eine strittige Aussage. Sie muss mit „Ja" oder „Nein" zu beantworten sein.

Auswahl der Spieler
Ordnet euch einer Pro-, Kontra- oder Beobachtergruppe möglichst freiwillig zu.

Abstimmung über den formalen Ablauf
- Legt Ort und Dauer der Gruppenarbeit fest.
- Die Pro- und Kontra-Gruppen erarbeiten ihre Standpunkte.
- Wählt jeweils drei Spieler, die die Debatte durchführen. (Pro- und Kontra-Gruppe)
- Verteilt Beobachtungsaufgaben. (Beobachtergruppe)
- Legt den Szenenaufbau für die Debatte und Zeitrahmen (ungefähr 15 Minuten) fest.

Beobachtungsaufgaben
- Sprechen die Gruppen alle wichtigen Argumente an? Welche fehlen?
- Welche der Gruppen erscheint stärker? Wie erlebt ihr das?
- Welche Argumente sind schwer zu widerlegen? Begründet.
- Sind die Spieler innerhalb einer Gruppe kooperativ? Wie erlebt ihr das?
- Gibt es abwertende oder verletzende Argumente? Wenn ja, welche?

Durchführung

◄ Die Klasse während der Debatte zur Streitaussage: „Kinder sind keine kritischen Verbraucher"

Auswertung
Zuerst äußern sich die Pro- und Kontra-Spieler darüber, wie sie sich gefühlt haben und ob sie mit sich zufrieden sind.
Danach sprechen die Beobachter in der Ich-Form und ohne Bewertung über ihre Beobachtungen.

Alle beteiligen sich daran, ein Ergebnis zu formulieren und die Streitfrage zu beantworten.

Danach könnt ihr versuchen, einen Kompromiss zu erarbeiten.

Alles klar?

Märkte und Preise

1 Was ist ein Markt? Nenne Beispiele.

2 Fischhändler Schneider senkte seine Preise und erweiterte sein Angebot. Begründe.

3 Ben Rüter kauft Fisch bei der Fischhandlung Schneider und beim Verbrauchermarkt. Begründe.

4 Ben Rüter kauft nur Tiefkühlfisch mit dem MSC-Siegel. Begründe.

5 Nenne unterschiedliche Interessen von Händlern und Verbrauchern.

6 Welche Wirkung hat ein Gespannschleppnetz beim Fang von Fischen?

7 Die Sportschuhe wurden nicht verkauft, obwohl der Preis dreimal herabgesetzt wurde. Begründe.

Werbung und Wettbewerb

8 Beurteile die Werbung. Nenne den Zusatznutzen, den die Werbung verspricht.

9 Unternehmen geben viel Geld für die Werbung aus. Nenne Gründe.

10 Du sollst eine Werbung für MP3-Player (Zielgruppe: Kinder) entwerfen. Welche Worte passen gut zu solch einer Werbung?

11 Du sollst eine Werbung für Käse (Zielgruppe: Erwachsene ab 50 Jahre) entwerfen. Welche Worte passen dazu?

Sachwortverzeichnis

Vorbemerkung:
Sachwörter, die im Schulbuch beschrieben sind, werden hier nicht aufgeführt. Die Definition ist über das Stichwortverzeichnis aufzufinden.

Alternative Energie Erneuerbare Energie, auch regenerative Energie genannt, bezeichnet Energie aus nachhaltigen Quellen, die nach menschlichen Maßstäben unerschöpflich sind, z.B. Solar- und Windenergie.

Arbeit umfasst die Erwerbsarbeit (Arbeit gegen Entgelt) sowie die Hausarbeit und ehrenamtliche Arbeit (Arbeit ohne Entgelt). Wenn in der Wirtschaftsberichterstattung von Arbeit die Rede ist, ist in der Regel Arbeit gegen Entgelt gemeint.

Arbeitsablaufplan umfasst in einer sinnvollen Reihenfolge die erforderlichen Arbeitsschritte, die notwendigen → Arbeits- und Hilfsmittel sowie Hinweise für die Herstellung eines bestimmten → Produkts.

Arbeitsschutz soll die Arbeitsbedingungen sicher gestalten und Unfälle verhindern. Dadurch wird die Gesundheit der arbeitenden Menschen geschützt und der Schutz von (werdenden) Müttern und Jugendlichen gewährleistet. Die Kontrolle gesetzlicher Maßnahmen erfolgt durch staatliche Ämter und Berufsgenossenschaften. Bei Verstößen können Bußgelder verhängt werden.

Arbeitsteilung im privaten Haushalt
Bestimmte Arbeiten im Haushalt werden auf seine Mitglieder aufgeteilt und von ihnen ausgeführt. Die Aufteilung erfolgt z.B. nach Zeit der Mitglieder, Interesse und Zweckmäßigkeit.

Ausbildungsberuf, anerkannter Die Ausbildung erfolgt für eine berufliche Tätigkeit, die nach staatlich festgelegten Zielen und Inhalten geregelt und bundesweit anerkannt ist. Sie findet meist in Betrieb und Berufsschule (dual) statt. Sie kann auch in einer Berufsfachschule in Verbindung mit Praktika in Betrieben erfolgen.

Bedürfnisse Wünsche von Menschen, z.B. das Bedürfnis nach Nahrung, Kleidung, Wohnung, Bildung, Liebe. Die Erfüllung dieser Bedürfnisse ist lebensnotwendig. Die Erfüllung anderer Bedürfnisse kann das Leben schöner und leichter machen, z.B. das Bedürfnis zu reisen, Rockkonzerte zu besuchen. In unserer Gesellschaft sind viele Bedürfnisse auf den Besitz von Waren und Dienstleistungen ausgerichtet, z.B. das Bedürfnis ein Handy, ein Auto, Markenschuhe oder eine Bankkarte zu besitzen. Da Geldmittel begrenzt sind, müssen Menschen für die Erfüllung von Bedürfnisse eine Rangfolge aufstellen.

Beifang Fische und Meerestiere, deren Fang nicht das Ziel des Fischens war, die jedoch mit gefangen wurden. Meistens werden sie sterbend oder tot ins Meer zurückgeworfen.

Beruf Tätigkeit (Berufsarbeit), für die durch eine vorgeschriebene Ausbildung in einem anerkannten → Ausbildungsberuf Wissen und Fähigkeiten erworben werden.

Betrieb erstellt → Waren und/oder erbringt → Dienstleistungen und bietet diese am → Markt an. Wird der Begriff Betrieb verwendet, geht es vor allem um die Erbringung von Leistungen. Wird der Begriff Unternehmen gewählt, ist die rechtliche, wirtschaftlich selbstständige Stellung gemeint.

Betriebsmittel Anlagen, Geräte, Maschinen und sonstigen Arbeitsmittel, die bei der Herstellung eines Produkts notwendig sind.

Betriebssystem ist verantwortlich für das Zusammenwirken und die Steuerung der Bestandteile des → Computers sowie aller Ein- und Ausgabegeräte des Computerarbeitsplatzes.

Bio-Siegel Umweltzeichen für Lebensmittel, das garantiert, dass die Produkte durch eine Landwirtschaft erzeugt werden, die nach ökologischen Gesichtspunkten produziert. Das Bio-Siegel unterliegt staatlicher Kontrolle. Es erfüllt die Bestimmungen der EG-Öko-Verordnung.

Branche Wirtschaftszweig, z.B. Bauunternehmen, Lebensmittelhandel

CNC-Maschine (Computerized Numerical Control) Sie stellt durch den Einsatz computergesteuerter Technik Werkstücke mit hoher Genauigkeit automatisch her.

CO_2 → Kohlenstoffdioxid

Computer ist ein englisches Wort und leitet sich von to compute (rechnen, berechnen) ab. Der Computer wird als Werkzeug angesehen, mit dem man Informationen verarbeiten und weiterleiten sowie → Maschinen steuern kann.

Datei Der Begriff setzt sich aus Daten und Kartei zusammen. Jede Datei enthält zusammengehörende Daten, die in einem Speicher (z.B. Festplatte, Diskette, CD) sicher abgelegt (gespeichert) werden können.

Dienstleistungen Diese können personenbezogen sein, z.B. vom Frisör, der Haare schneidet. Sie können sachbezogen sein, z.B. vom Kraftfahrzeugmechatroniker, der das Auto repariert.

Einkommensteuer → Steuern

Erwerbsarbeit entlohnte → Arbeit

Fairer Handel Handel mit benachteiligten Produzenten aus Entwicklungsländern. Die Produzenten erhalten Löhne, mit denen sie ihre Lebenshaltung decken können. Der Schulbesuch der Kinder wird sichergestellt. Kinderarbeit ohne Schulbesuch ist verboten. Soziale Projekte werden gefördert. Die → Waren werden direkt bei den Produzenten gekauft. Um Preisschwankungen zu vermeiden, werden langfristige Handelsbeziehungen vereinbart. Die Produktion erfolgt möglichst nach ökologischen Gesichtspunkten.

Familie Familien im engeren Sinne sind Ehepaare bzw. allein erziehende Väter oder Mütter, die mit ihren ledigen Kindern zusammenleben. In Anlehnung an die Statistik der Vereinten Nationen (United Nations, Abk. UN) gelten in der Statistik auch Ehepaare ohne Kinder als Familie.

Generation Personen einer Gesellschaft, die in einem bestimmten Zeitraum geboren sind.

Getriebe übertragen Drehbewegungen und passen sie den technischen Erfordernissen an.

Gewerbesteuer → Steuern

Gewinn erzielt ein Unternehmen, wenn die Einnahmen (die Erträge) aus dem Verkauf von Waren und Dienstleistungen höher sind als der Aufwand für Herstellung und Verteilung. Ansonsten fällt ein Verlust an.

Gewinnspanne Unterschied zwischen dem Ertrag und dem Aufwand einer → Ware oder → Dienstleistung. Sie wird meistens als Prozentsatz ausgedrückt (→ Gewinn).

Grundsteuer → Steuern

Güter → öffentliche Güter, → private Güter, → Waren, → Dienstleistungen

Halbfertigerzeugnisse vorgefertigte Teile, die zu einem Produkt zusammengebaut werden.

Handwerksbetrieb fertigt ein Produkt auf Bestellung, z.B. Schrank, oder erbringt eine Dienstleistung, z.B. Haarschnitt.

Handwerkskammer → Kammer

Hardware Alle Bauteile des → Computers, Tastatur, Bildschirm, Maus, Drucker u.a.m. bilden die Hardware des Computers.

Hausarbeit Arbeit im privaten → Haushalt. Sie wird im Gegensatz zur → Erwerbsarbeit nicht entlohnt. Die Hausfrau oder der Hausmann ist außerdem nicht selbstständig gegen Risiken wie Krankheit, Unfall oder Alter in der gesetzlichen → Sozialversicherung abgesichert.

Haushalt, privater Gemeinschaft von Menschen, die zusammenleben und gemeinsam wirtschaften. Diese können verwandt sein, z.B. Eltern und Kinder, in → Familien oder auch nicht. Es gibt verschiedene Formen von Haushalten, z.B. Familienhaushalte, Einpersonenhaushalte, Mehrpersonenhaushalte, Wohngemeinschaften.

Industrie- und Handelskammer → Kammer

Innung Zusammenschluss von selbstständigen Handwerkern z.B. eines Landkreises, des gleichen Handwerks oder ähnlicher Handwerke, um ihre Interessen zu fördern.

Investition Anlage von Geld (Kapital) in Produktionsmitteln.

Kammer Vertretungen u.a. des Handwerks (Handwerkskammer), der Industrie, des Handels, der Banken und Versicherungen (Industrie- und Handelskammer). Sie nehmen Interessen der Wirtschaft und öffentliche Aufgaben (z.B. Organisation der betrieblichen Berufsbildung und Abschlussprüfung) wahr.

Kilowattstunde ist eine Maßeinheit für Energie. Eine Wattstunde entspricht der Energie, welche eine Maschine mit einer Leistung von einem Watt in einer Stunde aufnimmt oder abgibt. Einer Kilowattstunde entsprechen 1000 Wattstunden. Mit Hilfe dieser Maßeinheit werden Strom- und Heizwärmekosten abgerechnet.

Kohlenstoffdioxid (CO_2) Gas, das in der Erdatmosphäre zunimmt und einen → Treibhauseffekt hat. Es nimmt Teile der Wärmestrahlung auf und fördert die Erderwärmung.

Konkurrenzfähig → Wettbewerb

Konsumgüter Waren für den privaten Ge- oder Verbrauch.

Kosten Verbrauch an → Produktionsfaktoren, welche für eine betriebliche Leistung, z.B. bei der Herstellung einer → Ware, notwendig sind.

Leitbild beschreibt für eine Schule die von dieser gesetzten pädagogischen und sozialen Ziele, z.B. bezogen auf Schul- und Arbeitsklima oder Förderung von Schülern. Das Leitbild nennt meist auch Schritte, die Ziele zu erreichen.

Lohnsteuer → Steuern

Management Tätigkeiten zur Leitung eines Unternehmens.

Markt Zusammentreffen von Angebot und Nachfrage zum Kauf bzw. Verkauf von → Waren und → Dienstleistungen. Der Markt ist an keinen Ort gebunden. Ein Kauf kann z.B. über das Internet erfolgen oder über das Telefon.

Maschinen stellen eine sinnvolle Verbindung von beweglichen Einzelteilen und Baugruppen dar. Mit ihrer Hilfe werden menschliche Muskelkraft eingespart und Arbeitsvorgänge und Fertigungsverfahren weitestgehend selbstständig realisiert.

Mehrwertsteuer → Steuern

Meisterprüfung ist in vielen Handwerksberufen Voraussetzung zur Führung eines Betriebs und zur Ausbildung.

Mindesthaltbarkeitsdatum Zeitpunkt, bis zu dem ein ungeöffnetes Lebensmittel bei richtiger Lagerung (evtl. Kühlung) z.B. seine Nährstoffe, den Geruch und den Geschmack behält und genutzt werden kann. Das Mindesthaltbarkeitsdatum (MHD) muss gut sichtbar sein.

Modell Auf bestimmte Eigenschaften vereinfachter Gegenstand, → Prototyp oder Gedankenzusammenhang.

Nachhaltiges Handeln Verhalten des Menschen, das bei der Produktion und beim Konsum die Lebensgrundlagen auch für die Zukunft sichert. Das erfolgt durch ökologisch angemessenes Verhalten (→ Ökologie, → Umweltschutz), das nicht zu Lasten der Natur geht. Allen Ländern und Kulturen soll auch eine faire wirtschaftliche und soziale Entwicklung ermöglicht werden (siehe Buchinnendeckel hinten).

Nachhaltigkeit → Nachhaltiges Handeln

Neue Technologien nutzen die elektronische Datenverarbeitung und -steuerung. Anwendung finden sie in den Bereichen Leistungserstellung (z.B. durch computergesteuerte Maschinen, PC), Kommunikation (z.B. Mobilfunk, E-Mail) und Information (Internetdienste wie www).

Öffentliche Güter Diese werden vom Staat (Gemeinden/Städten, Ländern, Bund) angeboten. Er legt die Bedingungen für die Nutzung fest. Zum Teil ist die Nutung kostenlos, z.B. der Aufenthalt in Parks, auf Spielplätzen oder der Besuch von Schulen. Für andere → Güter müssen Gebühren bezahlt werden, z.B. für das Ausstellen eines Personalausweises, die Anmeldung eines Autos oder den Besuch eines Schwimmbades. Die Höhe der Gebühren ist zum Teil für Kinder und Arbeitslose geringer als für andere Menschen. Das Angebot der öffentlichen Güter soll allen Bürgern ein menschenwürdiges Leben ermöglichen und zu mehr Chancengerechtigkeit beitragen.

Ökobilanz Analyse der Umweltwirkungen von Gütern. Dazu gehören sämtliche Umweltwirkungen während der Produktion, Nutzung und Entsorgung.

Ökologie Lehre von den wechselseitigen Beziehungen zwischen Menschen, Tieren und Pflanzen. Diese Beziehung soll durch → nachhaltiges Handeln, z.B. durch → Umweltschutz, gestaltet werden.

Ökostrom bezeichnet elektrische Energie, die auf ökologisch vertretbare Weise aus erneuerbaren Energiequellen hergestellt wird.

Präsentation Darstellung von Informationen vor einer Gruppe, z.B. mit Plakaten, Klarsichtfolien.

Private Güter → Güter, die von privaten → Unternehmen produziert und am → Markt angeboten werden. Hersteller und Händler (Anbieter) legen Preis und → Qualität selbstständig fest. Sie müssen bei ihren Entscheidungen über den Preis der Güter ihre → Kosten und die Preise ihrer Mitbewerber (→ Konkurrenz) berücksichtigen. Außerdem ist die Kaufbereitschaft der Verbraucher (Nachfrager) wichtig. Private Unternehmen wollen einen → Gewinn erzielen.

Produktionsgüter → Güter, die primär für den Einsatz und zum Verbrauch in der Produktion hergestellt und gehandelt werden. Manche werden auch als Konsumgut genutzt, z.B. das Auto.

Profile In bestimmter Weise auf Maß zugeschnittene, geformte Teile, z.B. aus Holz.

Prototyp ist ein Versuchsmodell eines geplanten → Produkts. Der Prototyp wird oft als Vorbereitung der Produktion in höherer Stückzahl erstellt. Als Einzelstück kann man damit auch ein Konzept erklären.

Qualität An den Wünschen der Kunden orientierte Beschaffenheit bzw. Eigenschaften von → Dienstleistungen und → Waren, z.B. Haltbarkeit eines Fußballschuhs.

Regenerative Energie → Alternative Energie

Router ist die Vermittlungsstelle, die mehrere Rechnersysteme miteinander verbindet und einen Datenaustausch ermöglicht.

Sachgüter Waren in der Form von → Konsumgütern und → Produktionsgütern.

Sauerstoff Gas, das Tiere und die meisten Pflanzen zum Leben brauchen. Es ist für Verbrennungsvorgänge notwendig.

Scanner (engl. Scan = abtasten) Bezeichnet ein Gerät mit dem Daten in Form von Text oder Bild abgetastet werden und mittels einer Software übertragen werden.

Server sind meist Rechnersysteme in Netzwerken mit der dazugehörigen Software, die dazu dienen, bestimmte Netzwerkdienste, wie Internetseiten oder E-Mails zu verwalten und auszuliefern.

Software Gesamtheit von → Betriebssystem und Anwendungsprogrammen, die zur Benutzung eines → Computers verwendet werden.

Solarspeicher Brauchwasserspeicher, der mit zwei Wärmetauschern ausgerüstet ist. Am unteren Wärmetauscher wird der Solarkreislauf angeschlossen, am oberen Wärmetauscher die herkömmliche Heizung.

Sozialversicherung, gesetzliche Dazu gehören die Krankenversicherung, Unfallversicherung, Rentenversicherung, Arbeitslosenversicherung und Pflegeversicherung. Arbeitnehmer (Arbeiter und Angestellte bis zu einer festgelegten Einkommensgrenze) sind Pflichtmitglieder. Die gesetzliche Sozialversicherung will über die Gemeinschaft der Versicherten Lebensrisiken abdecken, die einen einzelnen Menschen überfordern würden.

Steuern Abgaben an den Staat zur Finanzierung staatlicher Aufgaben. Unterschieden werden Steuern, die direkt auf Einkommen erhoben werden (z.B. Lohnsteuer, Einkommensteuer) bzw. direkt auf den Umsatz (Umsatz- oder Mehrwertsteuer) bzw. den Verbrauch (z.B. Kaffeesteuer, Mineralölsteuer) oder auf Betriebs- und Wohngrundstücke (z.B. Grundsteuer).

Stickoxid Giftiges Gas, das die Luftqualität verringert und ein → Treibhausgas ist.

Stückliste Sie gehört zu den technologischen Fertigungsunterlagen und umfasst die Einzelteile, die Benennung, die Anzahl und Maße der Einzelteile eines mehrteiligen Produkts. Es können auch Hinweise zu verwendeten → Werkstoffen gegeben werden.

Tara Unterschied zwischen dem Brutto- und dem Nettogewicht. Beispiel: Ein Stück Käse wiegt 125 g (Nettogewicht). Mit Papier wiegt es 130 g (Bruttogewicht).

Technische Zeichnung stellt höchste Ansprüche an die Exaktheit der Ausführung und an Einhaltung von Normen und Zeichenregeln (internationales Verständigungsmittel).

Technologische Neuerungen technische Entwicklungen, die ein Verfahren von Grund auf verändern, z.B. elektronischer Rechner statt mechanischer Rechenmaschine.

Tischlerinnung → Innung

Treibhauseffekt Erwärmung der Erde durch → Treibhausgase.

Treibhausgase spielen bei der Erwärmung des Klimas eine Rolle, z.B. → Kohlenstoffdioxid (CO_2).

Umsatz (Erlös) Produkt aus Menge einer verkauften Ware und dem Preis.

Umweltbundesamt (UBA) Zentrale Umweltbehörde für Deutschland. Sie befasst sich u.a. mit Umweltrecht, Umweltplanung, Fragen von Umwelt und Gesundheit, Sicherheit von Chemikalien, umweltverträglicher Technik.

Umweltschutz bezeichnet den Schutz der Umwelt vor z.B. Umweltverschmutzung, Lärm, globaler Erwärmung und Flächenverbrauch. Ziel ist die Erhaltung des Lebensumfelds der Menschen und ihrer Gesundheit. Dies schließt auch den Schutz der die Menschen umgebenden Natur ein.

Unfallschutz bei der Arbeit → Arbeitsschutz

Unternehmen → Betrieb

Waren → Sachgüter

Wärmebildkamera Sie empfängt Infrarotstrahlung. Das Verfahren der Bilderzeugung heißt Thermografie. Die für das menschliche Auge unsichtbare Wärmestrahlung eines Objektes oder Körpers wird in unterschiedlichen Farben sichtbar gemacht.

Wärmedämmwert Messwert für die Wärmedurchlässigkeit eines Bauteils, z.B. Fenster.
Eine geringe Zahl, bei Fenstern 1,2 und geringer, entspricht der Einstufung als Niedrigenergiehaus und zeigt an, dass wenig Wärme entweicht → Wärmeschutzverglasung.

Wärmeschutzverglasung besteht aus einem Zwei- oder Drei-Scheiben-Verbundglas mit Edelgasfüllung und einer Wärmefunktionsschicht. Bei dieser ist die nach außen gerichtete Seite der inneren Scheibe mit einer reflektierenden Schicht überzogen. Dadurch wird der Wärmeverlust nach außen begrenzt.

Wasserstoff Geruchloses brennbares Gas

Werbung Maßnahmen von Herstellern und Händlern, → Güter bekannt zu machen und zum Kauf der Güter anzureizen. Werbung erfolgt durch Schrift, Bild und Ton – vor allem in den Massenmedien. Werbung will Aufmerksamkeit erregen, bestimmte Gefühle erzeugen, bestimmte Gedanken auslösen sowie Meinungen und Einstellungen hervorrufen, die den Kauf der Güter fördern.

Werkstoffe Arbeitsmittel, die in der Produktion weiterverarbeitet werden und die in die Produkte eingehen.

Wettbewerb Wettstreit um die beste Leistung. Bei → Unternehmen spricht man auch von → Konkurrenz. Er betrifft z.B. den Preis, die Lieferbedingungen, den Vertrieb, den Service und die → Qualität.
Das Ziel des Wettbewerbs ist es, eine möglichst gute Versorgung der Verbraucher mit → Waren und → Dienstleistungen sicherzustellen.

Wirtschaftliches Prinzip → Kosten und Nutzen des Kaufs oder der Produktion eines Gutes werden abgewogen. Der Verbraucher handelt dann nach dem wirtschaftlichen Prinzip, wenn er mit vorhandenem Geld einen möglichst hohen Nutzen (z.B. Kauf eines bestimmten Sportschuhs) erzielt. Es kann auch so ausgedrückt werden: Der Verbraucher handelt dann nach dem wirtschaftlichen Prinzip, wenn er einen bestimmten Nutzen (z.B. ein bestimmtes Fahrrad) mit möglichst wenig Geld kauft.

Stichwortverzeichnis

Bildquellen

akg-images: 53 (1)
Aktion Das Sichere Haus (DSH): 17, 25 u.l.
AP Associated Press/Ann Heisenfeldt/ Domestic News: 103 (M2)
Anima Berten, Hamburg: 26 (1–2), 27 (1–3), 28 (1–4), 29 (1–4), 30, 42 u.l., 42 u.r., 43, 44
Christoph Berten, Berlin: 42 o.r., 71 o.l., 71 o.r.
Bundesministerium für Ernährung, Landwirtschaft und Verbraucherschutz: 105 (BIO-Siegel), 125 (BIO-Siegel)
Caro Fotoagentur: 11 (Rupert Oberhäuser)
Cornelsen Verlagsarchiv: 54 (3), 77, 79 (2), 85 (1)
Deutsche Gesetzliche Unfallversicherung, Berlin: 25 o.r.
Deutscher Sparkassen- und Giroverband, Berlin: 114
Deutsches Museum, München: 52 o.r., 55
epd-Bild/Rolf Zöllner: 102 (1)
Lillian Fischer, Berlin: 97
Gemeinschaft Energielabel, Berlin (mit Dank an Jörg Schaarschmidt): 80
Greenpeace/©Thomas Haentzschel/ nordlicht: 128 l.
Matthias Hamel, Berlin: 34, 35 (1–3), 36 o. r., 36 u.r., 37 (1–2), 38 (1–2)
Hartmut Henschel, Gerswalde: 26 (3), 76, 78, 81, 100, 101
Hewa GmbH, Apolda: 56 (1–2)
Interpane Glas Industrie AG, Lauenförde: 48 u.r.
Stefan Keil, Brieselang: 41, 79 (1), 84, 85 (2), 105 (1–3), 108, 111 (3), 118/119, 120, 121, 125, 126, 127, 129, 130, 137 l.
Keystone Pressedienst, Hamburg: 6 l. (Jochen Zick)
Walter Kurowski, Oberhausen: 39
Label online: 22 (GS-Zeichen)
Lufthansa AG, Köln: 50 (2)
Marek Lange/Profil-Fotografie, Berlin: 7, 8, 10, 102 (2–4)
Marine Stewardship Council, www.msc.org: 128 r.
picture-alliance: 75 (1) (SCHROEWIG/Baganz), 106 (1) (OKAPIA KG, Germany/© Gerald Cubitt)
picture-alliance/dpa ©dpa: 57 (1), 103 (M4), 111 (2)
picture-alliance/dpa ©dpa-Bildarchiv: 6 o.r., 6 u.r., 48 (4)
picture-alliance/dpa ©dpa-Report: 88, 107 (3)
picture-alliance/dpa/dpaweb ©dpa-Fotoreport: 103 (M3)
picture-alliance/dpa/dpaweb ©dpa-Report: 106 (2)
picture-alliance/ZB ©dpa-Bildfunk: 52 u.r.
picture-alliance/ZB ©ZB-Fotoreport: 53 (2), 112
Henrik Pohl, Berlin: 71 u.l., 71 u.r.
Pressedienst Paul Glaser, Berlin: 48 (1–2)
Project Photos: 45, 50 (3–4), 51 (2)
RAL gGmbH, Sankt Augustin: 21 (Der Blaue Engel); 36 (Der Blaue Engel)
Anette Schamuhn, Berlin: 74 (Foto Wirtz), 75 (1) (Foto picuture-alliance/SCHROEWIG/Baganz), 77 (Foto Cornelsen Verlagsarchiv), 82 (Foto Wirtz), 87 (Foto D. Schamuhn), 99 (Foto D. Schamuhn), 106 (3) (Foto D. Schamuhn), 107 (1) (Foto D. Schamuhn), 111 (1 + 4) (Foto D. Schamuhn), 113 u.r., 116 (Foto D. Schamuhn), 131, 132, 133, 134, 137 r.
Dirk Schamuhn, Berlin: Titelfoto, 21 (2–3), 22 (2), 87, 99, 106 (3), 107 (1), 111 (1 + 4), 116
Severin Elektrogeräte GmbH, Sundern: 92 o.r.
Walter Springer, Berlin (1941). Der Weg zur modernen Bohrmaschine: 54 (1)
Studio Messlinger, München: 50 (1)
Süddeutsche Zeitung Photo/Stephan Rumpf: 73
TransFair e.V., Köln: 106 (4) (Logo)
VISUM7Panos Pictures: 103 (M1)
Peter Wirtz, Dormagen: 9, 12, 13 (1–4), 15 (1–3), 20, 21 (1), 22 (1), 24, 33, 40, 46 (1–2), 48 (3), 49, 51 (1), 54 (2), 58, 74, 82, 83, 91, 93, 94, 96, 104 (1–4), 107 (2), 109, 110, 124, 136